Reihe Hanser 89

Das Böse
Dokumente und
Interpretationen

Herausgegeben von
Gerhard Zacharias

Carl Hanser Verlag

ISBN 3 446 11568 4

Ausstattung:
Heinz Edelmann
Gesamtherstellung:
Friedrich Pustet,
Regensburg
Printed in Germany

Reihe Hanser 89

Das Böse. Dokumente und Interpretationen
Herausgegeben von Gerhard Zacharias

Die Aktualität des Themas liegt auf der Hand. Seit etwa 1967 hat sie durch die satanistischen Manifestationen der Subkultur zugenommen, was ungezählte Berichte in der Presse und in Underground-Publikationen sowie das Anschwellen der seriösen und unseriösen Literatur über das Phänomen der Aggression bezeugen. Der Herausgeber hat die für dieses Buch geschriebenen Aufsätze durch Kommentare verbunden. Er versucht nicht, die zum Teil divergierenden Ansichten zu verschleiern, sondern vielmehr dem Leser die vielfältige Problematik bewußt zu machen und ihn zu selbständigem Weiterdenken aufzufordern.

Gerhard Zacharias, geb. 1923, schloß sein philosophisches Studium in Freiburg i. Br. mit einer Dissertation über die Entstehung des deutschen Idealismus ab. Sein Interesse für Symbolik führte ihn an das C. G. Jung-Institut Zürich, wo er das Diplom in Analytischer Psychologie erwarb; anschließend wandte er sich der klassischen Psychoanalyse zu. Von 1956 an praktizierte er als Psychotherapeut in Hamburg, ab 1961 in Köln, wo er Dozent am »Institut für analytische Psychotherapie im Rheinland« wurde. Seit 1970 ist er an dem von C. F. Frhr. v. Weizsäcker und J. Habermas geleiteten »Max-Planck-Institut zur Erforschung der Lebensbedingungen der wissenschaftlich-technischen Welt« in Starnberg tätig und führt daneben in München seine analytische Praxis weiter. Bücher: »Psyche und Mysterium« (1954); »Ballett – Gestalt und Wesen« (1962); »Satanskult und Schwarze Messe« (1964, 2. Aufl. 1970).

Inhalt

Vorbemerkung des Herausgebers

Der vorliegende Band basiert auf einer sechsteiligen Fernseh-Sendereihe, die 1968/69 im Westdeutschen Fernsehen produziert wurde. Als Autor (später auch als Gast-Redakteur) der Folge ging es mir darum, verschiedene Aspekte der Thematik ohne Anspruch auf – auch nur annähernde – Vollständigkeit zu beleuchten. Der fragmentarische, teilweise heterogene Charakter der Betrachtungsweise ist in diesem Buch beibehalten worden. Bis auf zwei Teile wurde vom Drehbuch-Stil abgewichen; die Gliederung wurde verändert, und eine Reihe von Beiträgen aus der Fernseh-Reihe ist gegen andere Texte ausgetauscht. Herrn Friedrich W. Räuker, dem Leiter der Hauptabteilung »Wissenschaft und Erziehung« im WDR/Westdeutsches Fernsehen, danke ich für die Zustimmung zur Verwendung des Materials aus den Sendungen.

Die Aktualität des Themas liegt auf der Hand. Seit etwa 1967 hat sie durch die satanistischen Manifestationen der Subkultur zugenommen, was ungezählte Berichte in der Presse und in Underground-Publikationen zeigen. Als mein Buch »Satanskult und Schwarze Messe« 1964 erschienen war, schrieb ein Kritiker in der »Süddeutschen Zeitung«: »In unserer Zeit sind Satanskulte und Schwarze Messen, diese mittelalterlichen Re-Aktionen gegen das Christentum, durchaus irrelevant geworden.« Diese Meinung ist inzwischen gründlich widerlegt worden. Auch das Anschwellen der – seriösen und unseriösen – Literatur über das Phänomen der Aggression in den letzten Jahren gehört in den Zusammenhang der wachsenden Aktualität der im folgenden behandelten Thematik. Daß ein Buch wie Arno Plack, »Die Gesellschaft und das Böse« (1. Aufl. 1967) mit seiner zwar treffenden Moralkritik, aber seiner infantilistischen Vision einer frustrationslosen Gesellschaft zu einem Bestseller werden konnte, ist ein Zeichen für das gestiegene Interesse, sich mit einem Fragenkomplex auseinanderzusetzen, von dem in dieser unheilvollen Zeit unsere Zukunft abhängt.

Auf einen bibliographischen Anhang habe ich verzichtet, da er sich ins Uferlose vergrößert hätte und damit der Rahmen des begrenzten Bandes gesprengt worden wäre.

Das Böse im Glauben der Völker

Carsten Colpe
Das Böse in Mythos und Religion

1. Grundsätzliches zur Doppelwertigkeit des Grunderlebnisses.

Man sollte meinen, daß das Böse in urtümlicheren Anschauungen wie denen des Mythos und der Religion am eindeutigsten ins Auge gefaßt wird und sei es auch nur, um überwunden zu werden. Aber Mythos und Religion enthalten nicht die frühesten Repräsentationen allgemein gültiger, im Wesen unveränderlicher Werte oder Unwerte. Sie zeigen vielmehr, daß Werte oder Unwerte geschichtliche Gegebenheiten sind: Sie sind ausgebildet in Zeiten, wo Religion und Sittlichkeit nicht mehr zusammenfallen, und hervorgegangen aus doppelwertigen Erfahrungen. Denn doppelwertig ist die Erfahrung dessen, was ganz anders aussieht als der Mensch, höher steht als seine Welt, unfaßbar ist für seine Sinne, bizarrer wirkt als seine Ordnungen, aufschreckt aus dem Gewohnten. Viele Darstellungen, in denen wir das Böse sehen möchten, drücken eigentlich nicht die Schrecklichkeit, sondern die Ungeheuerlichkeit der Welt und ihrer Überwelt aus. Man nennt es auch das Numinose oder die numinose Macht. Daß sie auf den Menschen förderlich *und* schädigend wirken kann, ist die Bedeutung solcher aus Naturvölkern bekannten Wörter wie Mana, Thurunga, Wakanda und Orenda. Berichte von Reisenden zeigen, daß sie von Eingeborenen gelegentlich schon in einem Sinne verwendet wurden, den der fremde Zuhörer als gut oder böse empfand. Auch in der Kunst versuchte man zuweilen, das eine in oder neben dem anderen darzustellen. So wird im Vajrayana-Buddhismus des 11. Jahrhunderts ein aus drei Gesichtern schrecklich blickender Avalokiteshvara in der Mitte von einem Pferdekopf überragt, der auf die Symbolisierung der unermüdlich alle Weltrichtungen durcheilenden Gnadenkraft des Bodhisattva durch das Pferd hindeutet; und neben der furchterregenden Gestalt des japanischen Gottes Fudo aus der frühen Heian-Periode (794–876) stehen zwei junge Akolyten, Seitaku, der die unterwerfende Macht darstellt, und Kinkara, der für die aufrecht erhaltene Tugend steht.

2. Das eindeutig Böse bei Naturvölkern und im Volksglauben.
Wie das, was für den Menschen zum Heil oder Unheil ausschlagen kann, vollends zu dem vereinseitigt wurde, was unsere Zeugen wie auch wir, die distanzierten Betrachter, eindeutig »böse« nennen müssen, darüber sind in psychologischer wie in historischer Hinsicht bisher nur Schlüsse möglich. Erst recht können wir keine Kongruenz zwischen den psychologischen und den historischen Entwicklungen herstellen. Aber ihre Resultate stehen eindeutig vor uns. So enthält das Schwirrholz des zentralaustralischen Stammes der Aranda zwei Arten von Macht, sowohl die schöpferische, befördernde als auch die böse, schädigende, zerstörende; und die letztere hat einen eigenen Namen bekommen, *Arunkulta*, der nun auch sonst eine besonders böse Macht bezeichnet (Text 1). Wo man im Unheimlichen der Natur einen mehr oder weniger persönlichen Willen am Werk gesehen hatte, da tritt es nun in bösen Geistern auf; Ahnen, die nicht verehrt werden, beschützen den Familienverband nicht mehr, sondern bedrohen ihn; Krankheiten und Seuchen, Wahnsinn und Tod werden auf feindliche Erreger zurückgeführt (Text 2). In der Kunst werden solche Geister durch eben die Figuren dargestellt, die zu ihrer Abwehr dienen sollen; denn in exorzistischer Magie wird Gleiches durch Gleiches gebannt. Die Erfahrung, daß im Geschlechtsakt Lebenserfüllung nicht nur erreicht, sondern auch verfehlt werden kann, ließ sich dahin wenden, daß in ihm nicht nur die erhaltenden Kräfte des Lebens wirksam seien, sondern auch Dämonen, welche den Schläfer durch sexuelle Träume peinigen, den Brautleuten die Hochzeitsnacht verderben und den Müttern die Schwangerschaft unterbrechen; im europäischen Aberglauben nannte man einen solchen Dämon einen *incubus* oder *succubus,* einen, der sich auf oder unter den Menschen legt, und stellte ihn entsprechend gefährlich dar.

3. Das Böse in Hochkulturen.
Noch eindeutiger ist das Böse da, wo ihm die andere Seite dessen, was einst ein Numinoses war, zum Guten symbolisiert gegenübertritt. Je mehr sich die indische Götterwelt differenzierte, desto mehr wurde Rudra, der unheilvolle Gott der vedischen Zeit, der rächende Bogenschütze und zugleich der helfende Arzt der Menschen und Tiere, zum Repräsen-

tanten nur des Erschreckend-Bösen – so sehr, daß man ihn, der sich als Mahakala »der Tod«, Hara »der Hinwegraffer«, Ugra »der Gewaltige«, Bhairava »der Schreckenerregende« darstellt, hauptsächlich mit seinem euphemistischen Beinamen Schiwa »der Freundliche, Gnädige« nannte, um ihn sich geneigt zu erhalten (Text 3). Dämonen wie die, aus deren Kreis er einst aufgestiegen war, repräsentieren im Hinduismus weiterhin die Verführung und Verblendung zum Unheil (Text 4). – In der Verkündigung des iranischen Propheten Zarathustra stehen gegen die guten Geisteskräfte Ahura Mazdah's und die Schutzmächte der Menschen, die Fravaschis, feindlich die Daevas, die Lügengeister und Urheber alles Verderbens (Text 5); auf Reliefs des Palastes in Persepolis sieht man König Dareios als Vertreter der guten Mächte im Kampf mit einem solchen Wesen. – Das alte Babylonien kannte die »Sieben« als Bezeichnung einer meist bösen, daneben einer guten Gruppe von Dämonen; die guten werden in Beschwörungstexten als Bekämpfer der Bösen genannt, welche vom Himmelsgott dem Pestgott Erra als Helfer beigesellt wurden. Neben ihnen gibt es viele andere Typen böser Dämonen (Text 6); Pazuzu, der »Packer«, hat vier Flügel, ein fratzenhaftes Gesicht, lange Hörner, Löwentatzen, Vogelklauen als Hinterfüße und einen Skorpionenstachel. – Die Bauernkultur des alten Ägypten wußte vom Antagonismus zwischen Seth, dem Gott der feindlichen Wüste und ihrer räuberischen Bewohner, der Stürme und der Nächte, und Osiris, der von Seth zerstückelt wird und weiterlebt; man stellte diesen Kampf auch dramatisch dar (Text 7). – Seit in Griechenland die chthonischen Kräfte nicht mehr allein das Leben bewahren, sondern geistige Mächte in Konkurrenz zu ihnen treten, wirken die Boten der Unterwelt etwas Böses im Gegensatz zu den Boten des Himmels, gibt es die Gorgonen mit dem versteinernden Blick, die Ausgeburt des Angsttraumes Empusa, die ein Bein aus Eselsmist hat und eines aus Eisen, gibt es den Dämon des Alpdruckes Ephialtes und die Kindesmörderin Lamia (Text 8).

4. Der Böse in iranischer, jüdischer und christlicher Tradition.

Im Zusammenhang mit der Personifikation oder gar Vermenschlichung von Göttern kann sich ein Repräsentant dämonischer Scharen herausbilden, neben dem die Dämonen als seine Untergebenen oft lebendig bleiben. Je mehr die Vorstellung von einem gnädigen Gott ausgebildet wird, desto stärker verdichtet sich das Böse zu einem Gegenspieler, dessen Aktivität in breiter Skala – von einer Beauftragung durch Gott über Placierung in einem heilsgeschichtlichen Plan bis hin zu absoluter Widergöttlichkeit – gedeutet werden kann. Ein »böser Geist« sucht schon nach der Predigt des Zarathustra gegen das Wirken eines »heilwirkenden Geistes« die Menschen irrezuleiten; später wird er unter dem Namen Ahriman zu einem vollen Erzfeind, welcher den guten Gott Ohrmazd, mit dem sein heilwirkender Geist nun ganz verschmolzen ist, erbittert bekämpft und die Welt zu verwüsten sucht (Text 9). Es ist möglich, daß er der seltsamen Gestalt, die im Hofstaat des alttestamentlichen Jahwe als Opponent mit Einspruchsrecht oder als richtiger Verkläger auftritt (Text 10), dem Satan, im antiken Judentum zu deutlicheren Konturen verholfen hat. Dieser spielt nun als Gegner Gottes, der, einst von Gott abgefallen, die Herrschaft über die gleichfalls von Gott abgefallenen, zu Dämonen gewordenen Engel erhalten hat, seine unheilvoll-weitreichende Rolle – unter Namen wie Satan, Belial, Mastema, »Engel der Finsternis« und »Geist des Frevels« (Text 11). Als Satanas, Beelzebub, Feind, Versucher, alte Schlange, Großer Drache und »Fürst« oder gar »Gott dieser Welt« lebt er im Neuen Testament weiter (Text 12). Sein griechischer Name Diabolos, der »Verleumder«, wurde über die lateinische Bibelübersetzung in die europäischen Sprachen entlehnt, im Deutschen als Teufel.

Sein persischer Vetter Ahriman machte andere Entwicklungen durch, welche neben der frühchristlichen und der kirchlichen herliefen. Weil er und sein Gegenspieler, der mit Ohrmazd verschmolzene »heilwirkende Geist«, sich in ihren Einflußbereichen und in den zeitlichen Erstreckungen ihres Wirkens gegenseitig begrenzten, entstand eine theologische Theorie, vielleicht auch ein Volksglaube, nach welchem der gute und der böse Gott in einem Prinzip ihren Ursprung haben, das die Eigenschaften beider vereinigt, in Zurvan Akarana, der unendlichen Raum-Zeit. Aber der Mensch fühlte sich in ihr so gefangen, so sehr vom unabwendbaren Schicksal belastet, daß die Doppelwertigkeit dieses seines Gottes zum Bösen hin aufgelöst wurde (Text 13). In hellenistischer Zeit fiel dieser Glaube mit dem an griechische Zeitgötter, Chronos und Aion, zusammen. Es gibt Statuen, die von einigen als Darstellungen des Zeitgottes, von anderen als Darstellungen des Ahriman gedeutet werden, und wahrscheinlich ist beides richtig, weil kein Unterschied mehr zwischen beiden empfunden wurde. Es ist immer eine hieratisch aufrechtstehende, meist männliche, manchmal mannweibliche Gestalt, um die sich eine Schlange ringelt, zwischen deren Windungen die Tierkreiszeichen angebracht sind, und die ein furchtbares Löwenhaupt trägt, in deren weitaufgesperrtem Rachen mit vorstehenden Zähnen man eine brennende Fakkel anbringen konnte – Symbol der alles unnachsichtig verschlingenden, am Ende der Zeiten alles in Feuer auflösenden Zeit. Diese Vorstellung lebt noch lange weiter, zuletzt meist unter dem Namen des Saturn, weil dieser über sein griechisches Äquivalent Kronos durch Wortspiel oder mythologisches Mißverständnis mit Chronos, der Zeit, identifiziert worden war. Deshalb konnte noch Francisco Goya (1746–1828) den Saturn als ungeheuerlichen Menschenfresser malen.

5. Das Böse und der Böse in der Gnosis.

In der ausgehenden Antike gab es in der östlichen Mittelmeerwelt, aber mit Ausstrahlungen nach Westen und zeitweise besonderer Konzentration in Rom, eine Bewegung, für welche die Welt schlechthin die »Fülle des Bösen« war. Sie galt dafür entweder, weil sie sich, ebenso räumlich wie materiell wie ethisch, aus einem lichthaften guten Universum heraus- und hinabentwickelt hatte und nun unter der Herrschaft eines bösen Weltschöpfers stand (Text 14), oder weil die Welt aus der Substanz eines bösen Gottes geschaffen war, der zuvor den guten, noch weltlosen Gott angegriffen hatte (Text 15). Weil es darum ging, über die Stellung des Menschen in dieser Welt und die Möglichkeit seiner Erlösung daraus Erkenntnis zu gewinnen, nennt man diese Bewegung mit dem griechischen Wort dafür »Gnosis«. Die Gnosis nahm in ihre metaphysisch-kosmologische Projektion ihrer letztlich unableitbaren Gesamterfahrung der Welt als einer bösen, feindlichen, nahezu alles auf, was die früheren Religionen innerhalb ihres Einzugsgebietes über das Böse gewußt hatten. Damit hat die Gnosis die letztmögliche Konsequenz in Summierung, Fundierung und Erklärbarkeit des Bösen gezogen; sie kann seither nur noch wiederholt, nicht überboten werden.

6. Auflösung mythischer und religiöser Symbolik in die Darstellung von bösen Zuständen, Vorgängen oder Eigenschaften.

Der Ausdruck des Bösen im Mythos, seine Bewältigung in der Religion, seine Darstellung in früher Kunst spricht nicht unmittelbar zu uns. Symbolisierungen, mit denen wir es bisher nahezu ausschießlich zu tun hatten, bedürfen der Interpretation. Worte, mit denen das Böse bezeichnet wird, finden sich selten in Zusammenhängen, aus denen man ihren Sinn einfach ablesen kann; sie müssen aus verschiedenen Zusammenhängen zur Ermittlung ihres Sinnes zusammengefaßt werden. Das Verhältnis religiöser Praxis zum Bösen setzt das letztere öfter undefiniert voraus, als daß eine Beschreibung von ihm, etwa in einem Lasterkatalog, für nötig gehalten wird.

Es kann jedoch in Kunst und Literatur ein Weg vom verdichtenden statischen Symbol zur auflösenden Darstellung von Vorgängen, vom Begriff zur Beschreibung führen, und es kann eine religiöse Aussage gleichsam zu einem Vorzeichen werden, hinter dem sich einfach eine Moral entwickelt. Wo sie philosophisch reflektiert wird, kann man Beschreibungen des Bösen leichter finden. Hier finden geradezu Säkularisierungsvorgänge statt, ebenso wie bei der Darstellung ethisch ursprünglich indifferenter, nach den Regeln einer ehrwürdigen Ordnung von Menschen an Menschen begangener Taten durch Beobachter aus einer fremden Kultur. So werden z. B. kultische Menschenopfer oder kultischer Kannibalismus, von den Teilnehmern zur Förderung kosmischer oder pflanzlicher Lebenskraft geübt, vom christlichen Berichterstatter oder aufgeklärten Kupferstecher als böse empfunden.

Das, was wir als böse nachvollziehen können, kann also nur mit hermeneutischen Mitteln aus den Strukturen des Mythos, der religiösen Aussage oder Praxis, der künstlerischen Darstellung herausgeholt werden. Aber je mehr diese Strukturen sich auflösen, desto psychologischer werden sie, und desto unmittelbarer wird unser Zugang zu ihnen. Mißachtungen göttlicher Gebote werden als Verbrechen und Qualen versteh- und darstellbar, Unterwerfungen unter eine Glaubensprobe als moralische Versuchungen oder Martyrien. Was Wirkung eines Fluches war, der dem »Bösen« überantwortet und wie eine ansteckende Aura am Verfluchten haftet, sind nun menschliche Leiden in jeder Hinsicht. Was der endzeitliche Kampf zwischen dieser und jener Welt zeitigte, geht in Darstellungen apokalyptischen Unheils von Albrecht Dürer bis Salvador Dali ein. Bestimmte Romane, ob sie nun von Schuld und Sühne oder Verfallenheit an einen Dracula handeln, aber auch sozialkritische oder die Gewalt anklagende Darstellungen, schließlich die schriftlichen, malerischen, plastischen, filmischen Zustimmungen zur bloßen Manifestation selbstsicher oder aggressiver Tendenzen lassen Älteres im psychologisch Nachvollziehbaren durchschimmern: die magische Bannung ebenso wie die umfassend befreiende Vergebung des Bösen, aber auch die vor jeder Ethik liegende, allem Anachronismus zum Trotz proklamierte Unschuld von Taten, die einfach aus ritueller Selbstverständlichkeit getan werden müssen – Taten, deren Täter oder Beschreiber verständnislos den Kopf schütteln, wenn man sie der Verherrlichung von Gewalt bezichtigt. So findet nicht nur in der Herausbildung, Isolierung, Überwindung des Bösen eine fortschreitende Entwicklung statt, sie fängt auch, je weiter die Zeit fortschreitet, immer paradoxer wieder von vorne an.

Text 1

Aus einem Bericht von C. Strehlow, 1908:
In gewissen seiner Zauberhölzer und -knochen besitzt der Aranda-Mann eine Zaubermacht, wodurch er seine Feinde schädigen und vernichten kann. Diese Zauberkraft heißt *arunkulta*, bei den südlichen Aranda *runkulta* oder *rungulta* ... Das Wort *arunkulta* ist abzuleiten von dem Adjektivum *ara* = sehr schnell, zornig, schnell böse und dem Verbum *ultakama*, abgekürzt *kulta* = zerbrechen, abbrechen; *arunkulta* bedeutet also: sehr schnell abbrechend, scil. das Leben; wir würden im Deutschen sagen: den Lebensfaden schnell abschneiden. Als *arunkulta* werden von den Eingeborenen

nur bezeichnet: 1. die Zauberknochen und -hölzer, 2. Schlangengift, 3. das Gift der giftigen Pflanzen und 4. jetzt die von den Europäern eingeführten Gifte, wie Strychnin. Unter *arunkulta* versteht der Eingeborene eine Kraft, die das Leben schnell abbricht, den Tod dessen herbeiführt, in den diese Kraft hineingeleitet wird. Sie ist immer eine schädigende Kraft.

Text 2

Zu einem Zwiegespräch umgestalteter Ritus der Mentawei-Malaien, nach P. Radin, 1965:
Seher: Knaben, Geister des Altars, wir sind da. Behütet uns, auf daß wir nicht fehlen. *Altar:* Segen mit euch, ihr Geister des Waldes, Segen mit euch, ihr Kopffedern, Segen mit dir, du Brustband aus Hühnerfedern, du Kraft des Huhnes. *Seher:* Da ihr nun, Geister des Altars, geendigt habt mit dem Segen über unsere Pflanzen, ist es an der Zeit, euch zu befragen über die Ursache unserer Krankheit. Aber zuerst gebt euren Händen die rechte Lage, richtet euer Haar und eure Füße so, daß wir erkennen können, daß keinerlei Krankheit in eurem Körper verborgen ist. Seid bedankt, Geister des Altars, nun könnt ihr mit unsern Vätern, den Waldgeistern, sprechen, nun könnt ihr mit uns sprechen, den Eignern des Altars. *Altar:* Jawohl, Seher. Ein böses Gift ist unter unserm Hause. Das hat unsern jüngern Brüdern und unsrer Mutter das Fieber gebracht. *Seher:* Segen euch, Geistern des Altars. Eure Mutter und eure jüngeren Brüder wollen, daß ihr noch mehr saget über die Ursachen der Krankheit, damit eure jüngeren Brüder genesen können. *Altar:* Jawohl, Seher. Es wurde auch ein Fehler begangen mit der Hand. Er gab Anlaß zum Fieber bei meinen jüngeren Brüdern. *Seher:* Segen mit euch, Geistern des Altars. Singt von anderen Fehlern, Anlässen zur Krankheit, auch wenn sie nur gering sind. Sprechet zu Ende, damit wir genesen können. *Altar:* Jawohl, Seher. Meine Mutter zerstörte den Abfallhaufen. Sie beging einen Fehler mit der Hand. So machten wir die Familie krank. *Seher:* Segen euch, Geistern des Altars, so ist es wirklich. Sag uns, ob noch irgendein anderer Anlaß zur Krankheit vorliegt, damit wir uns nicht schämen müssen vor den

Geistern des Waldes. *Altar:* Von einem andern Fehler wüßte ich nicht. Ich bin zu Ende und kann meine Worte nicht wiederholen. *Seher:* Segen mit euch, Geistern des Altars. Nun, da ihr mit eurer Rede geendet, löset euer Haar. Ich sehe, Geister, daß wirklich nichts darinnen. Nun streckt die Füße aus. Ich sehe, Geister, auch dort ist nichts. Streckt die Hände aus. Seid gesegnet, Geister, nun kann ich eure ganzen Körper sehen. Ihr habt keinen eurer Fehler vor uns Waldgeistern verborgen, so wollen wir denn unsern Sang beenden. Väter, Waldgeister, ihr habt die Worte des Altars gehört. Unser Gespräch ist beendet. Wir wollen unsern Gesang enden. Wir preisen euch für euren Besuch.

Text 3

Gebet an Rudra, aus dem Atharvaveda (11, 2, 19–26), deutsch von K. F. Geldner:
Kehre die Götterwaffe, die Harke, nicht wider uns, zürne uns nicht, Herr der Tiere, Verneigung sei dir! Auf einen anderen als uns schüttle den himmlischen Ast! Tu uns kein Leid, sei unser Fürsprecher, verschone uns, zürne uns nicht. Möchten wir dir nicht begegnen! Begehr nicht unserer Rinder und Leute, begehr nicht unserer Ziegen und Schafe! Laß anderswo mit Tod abgehen, du Gewaltiger, erschlage die Kinder unserer Feinde! Dessen Waffe dem einen als Fieber und Husten, gleich dem Wiehern des Hengstes, kommt, ihm, der sich einen nach dem andern herausholt, ihm sei Verneigung! Der aufgerichtet in den Lüften steht, die opferlosen Götterfeinde zerschmetternd, ihm mache ich eine Handverbeugung mit allen zehn Fingern. Dein sind die Waldtiere, das Wild, das in das Gehölz gesetzt ist, dein sind die Gänse, die Adler, die Raubvögel, die Krähen. Dein ist, o Herr der Tiere, das Wunder im Wasser, dir rinnen die himmlischen Wasser zum Segen. Dein sind die Krokodile, die Riesenschlangen, die Haie, die Fische, die . . ., nach denen du schießen kannst. Für dich gibt es keine Ferne, kein Hindernis, o Bhava. Im Augenblick überschaust du die ganze Erde. Vom östlichen Meere triffst du bis in das nördliche. Berühre uns nicht mit Fieber, nicht mit Gift, nicht mit dem Himmelsfeuer. Auf einen anderen als uns schleudere diesen Blitz!

Text 4

Aus der Bhagavadgita (16, 4–12), deutsch von S. Lienhard:
Prahlsucht, Anmaßung, Überheblichkeit, Zorn, Rauheit und Unwissen: dies (sind die Anlagen) dessen, der mit dämonischer Natur geboren wurde. Die göttlichen Anlagen führen, so heißt es, zur Erlösung, die dämonischen zur Bindung. Sei nicht betrübt, o Pandava (Arjuna), du bist mit göttlichen Anlagen (für ein göttliches Geschick) geboren. Es gibt zwei Arten von Geschöpfen in der Welt: die göttlichen und die dämonischen. Die Göttlichen sind ausführlich beschrieben worden. Vernimm von mir, o Partha (Arjuna), über die Dämonischen. Die Dämonischen wissen nichts vom Weg des Handelns und nichts vom Weg der Entsagung. Es finden sich in ihnen weder Reinheit noch gutes Betragen noch Wahrheit. Sie behaupten, daß die Welt unwirklich sei, ohne Grundlage, ohne Herrn, in keiner geordneten kausalen Abfolge entstanden, kurz: durch Begierde verursacht. An dieser ihrer Ansicht festhaltend, erheben sich diese verlorenen Seelen, deren Einsicht schwach und deren Taten grausam sind, als die zur Zerstörung gereichenden Feinde der Welt. Unersättlichen Begierden verfallend, von Heuchelei, Hochmut und Anmaßung erfüllt, aus Verblendung falsche Ansichten fassend, handeln sie nach unreinen Entschlüssen. Von unzähligen Sorgen bedrängt, die nur mit (ihrem) Tode ein Ende fänden, die Befriedigung der Begierden als ihr höchstes Ziel erachtend, überzeugt, daß dieses alles sei, von hundert Banden der Begierde gebunden, der Wollust und dem Zorne hingegeben, trachten sie danach, durch unrechte Mittel Massen von Reichtümern anzuhäufen, um ihre Begierden zu befriedigen.

Text 5

Aus einer Gatha des Zarathustra (Yasna 32, 3–5), deutsch von W. Hinz:
Doch ihr Dämonen all seid Brut aus Bösem Sinn, und auch, wer euch hoch verehrt, (ist Brut) der Lüge und der Hoffart. Auch sind die Taten verrucht, durch die ihr euch im Siebenten (= im bewohnten) Erdkreis offenbartet, dieweil ihr Bö-

sestes befehlet, auf daß die Sterblichen, die es verüben, in der Gunst der Dämonen steigen, vom Guten Sinn sich abkehren und sich gegen den Ratschluß des Allweisen Herrn und gegen die Rechte Ordnung versündigen. Dadurch betrügt ihr den Sterblichen um Lebensglück und Unsterblichkeit – welches Tun mit bösem Sinn euch Dämonen der Böse Geist gelehrt durch böses Wort, auf daß die Macht an den Lügenknecht komme.

Text 6

Sumerische Beschwörung gegen die »Bösen Geister«, deutsch von A. Falkenstein:

Der böse Udug, der die öden Straßen schwer (zu passieren) macht, der insgeheim einhergeht, die Wege bedeckt, der böse Teufel, der in der Steppe losgelassen ist, der Räuber, den man nicht zur Umkehr zwingt, Dimme, Dimme'a, die den Menschen bespritzen, die Herzkrankheit, die . . .-Krankheit, Leiden, Kopfkrankheit, ein Sturm, der die Menschen bedeckt, haben den einhergehenden Menschen wie ein Sturm niedergeworfen, ihn in Galle getaucht. Jener Mensch geht »jenseits seines Lebens« herum. Asariluchi sah dies, trat zu seinem Vater Enki ins Haus und rief ihn an: »Mein Vater, der böse Udug, der die öden Straßen schwer (zu passieren) macht, der insgeheim einhergeht, die Wege bedeckt . . .« Er erzählte es (Enki) wieder und (fährt fort): »Was ich in diesem Falle tun soll, weiß ich nicht. Was wird (den Kranken) beruhigen?« Enki antwortete seinem Sohn Asariluchi: Mein Sohn, was weißt du nicht? Was könnte ich dir hinzugeben? Asariluchi, was weißt du nicht? Was könnte ich dir hinzugeben? Was ich weiß, das weißt auch du. Geh, mein Sohn Asariluchi! Gieße Wasser in einen Krug, wirf einen Tamarisken und einen . . .-Zweig hinein, sprenge damit (das Wasser) auf jenen Menschen, bring ein Räucherbecken und eine Fackel an ihn heran! Dann wird sich der »Schicksals-Dämon«, der im Leibe des Menschen ist, entfernen. Die »starke Bronze«, der Held Ans, wird mit ihrem erschreckenden Lärm alles Böse ausreißen. Lege sie dort hin, wo . . .; dann wird sie dein Helfer sein. Die »starke Bronze«, der Held Ans, wird dir Lärm und schrecklichen Glanz verleihen. Der böse Udug, der böse Ala, möge hinausgehen, der böse Totengeist, der böse Teufel möge hinausgehen, der böse Gott, der böse Aufpasser möge hinausgehen, der »böse Mund«, der »böse Speichel« möge hinausgehen. Dimme, Dimme'a, die den Menschen bespritzen, mögen hinausgehen, Herzkrankheit, . . .-Krankheit, Leiden, Kopfkrankheit, ein Sturm, der die Menschen bedeckt, mögen hinausgehen! Alle großen Götter haben dich beschworen: Du sollst weggehen!

Text 7

Überschriften über Dämonen auf elf Bildern an der Mauerinnenwand des ptolemäischen Tempelneubaus in Edfu, die den Kampf des Horus, der für seinen Vater Osiris eintritt, gegen seinen Feind Seth als Nilpferd schildern, deutsch von G. Roeder:
»Rede des (Dämon namens) ›Gerecht bei der Teilung seiner Opfergaben‹: Ich bin (schützend) hinter dir und hinter dem Kampfplatz. Ich bestrafe die Untaten deines Feindes, ich zerbreche seine Knochen, ich zertrümmere seine Wirbel, ich zerschneide sein Fleisch, und ich verschlinge sein Blut.« – »Rede des ›Stier der beiden Länder‹: Ich zerstoße den, der deinen Palast angreift. Ich durchbohre mit meinen Hörnern den, der Böses dagegen plant. Blut an meinen Hörnern und Staub hinter mir komme auf jeden, der gegen deinen Gau vorgeht.« – »Rede des ›schwarzen Stiers‹: Ich esse das (Fleisch), ich verschlinge das Blut derer, die sich von deinem Gotteshaus fernhalten. Ich wende mein Gesicht gegen die, die hinter deinem Tempel herankommen (um ihn zu überfallen). Ich lasse zurückweichen den Weichling von den Gehöften der Götter.« – »Rede des ›leuchtenden Stieres‹: Ich schneide die Herzen derer heraus, die gegen dein Behdet kämpfen, und ich vernichte den Mut deiner Feinde. Ich verschlinge das Blut derer, die sich gegen deine Stadt empören. Ich koste die Nieren deiner Feinde.« – »Rede des Dämons ›Er liebt das Alleinsein‹: Ich schärfe meine Zähne, um deine Feinde zu zerbeißen. Ich spitze meine Krallen, um ihre Haut zu schlagen.« – »Rede des ›Feuer ist sein Atem‹: Ich mache meine Augen rot wie Karneol, und ich mache meine Augäpfel rot wie den roten Kleiderstoff. Ich verjage die, die zum Angriff gegen deinen Thron herankommen. Ich esse ihr Fleisch, ich verschlinge ihr Blut, ich verbrenne ihre Knochen

mit Feuer.« – »Rede des ›Er kommt hervor, indem eine Flamme an seinem Munde ist‹: Ich werfe den hin, der gegen das Fenster des Falken vorgeht, und als Pavian jage ich den zurück, der sich gegen es wendet.« – »Rede des ›In dessen Gesicht der Tod steht, der laute Brüller‹: Ich lege meine Arme (schützend) um Deine Majestät wie eine Mauer, (und wie) eine Wand von Pfählen, die deinen Ka schützt an dem Tage des Zusammenstoßes. Ich wache über dein Gottesgehöft bei Tage und bei Nacht, und ich vertreibe den Feind von deinem Heiligtum.« – »Rede des ›Dessen Gesicht eine Flamme ist, wenn er den Gegner herbeischleppt‹: Ich trinke das Blut dessen, der dein Heiligtum zerstört, und ich verschlinge das Fleisch dessen, der deine Kapelle angreift. Ich gebe dir Kraft und Sieg durch meine Arme und die Stärke Meiner Majestät gegen deine Feinde.«

Text 8

Diodor von Sizilien (20, 41, 3–6) in seinem Bericht über einen Kampf zwischen Agathokles und Ophellas (308 v. Chr.) am Berg von Automala, dem südlichsten Punkt der Großen Syrte, deutsch von C. Colpe:

Am Fuße dieses Berges gab es eine große Höhle, über und über mit Efeu und Zaunrübe bedeckt. Dort, so berichtet man im Mythos, sei die Königin Lamia geboren, die von unvergleichlicher Schönheit war. Wegen der Wildheit ihres Gemütes sagt man, die seither verstrichene Zeit habe ihrem Antlitz ein tierisches Aussehen gegeben. Denn als alle Kinder, die sie geboren hatte, gestorben waren, wurde sie vor Leiden schwermütig und beneidete andere Frauen um ihr Glück mit Kindern. So gab sie Auftrag, die Säuglinge sollten aus den behütenden Armen herausgerissen und sogleich getötet werden. Deshalb bleibt die Geschichte dieser Frau bei uns bis auf die jetzige Generation unter kleinen Kindern lebendig, und ihr Name macht ihnen schrecklichste Angst. Wenn sie sich aber berauschte, gab sie allen freie Gelegenheit, unbeobachtet zu tun, was sie wollten. Da sie sich nun nicht darum kümmerte, was zu solch einer Zeit geschah, nahmen die Bewohner des Landes an, sie könne nicht sehen. Und deshalb erzählen einige, sie werfe ihre Augen in eine überflochtene

Flasche, womit sie die Nachlässigkeit, zu welcher der Wein beigetragen hatte, auf das erwähnte Maß übertragen, da es ein solches war, das sie ihrer Sehkraft beraubt hatte. Man kann auch Euripides als Zeugen dafür anführen, daß sie in Libyen geboren ist, denn er sagt: Wer kennt nicht den Namen der Lamia, von libyscher Herkunft, welcher für Sterbliche der allerschändlichste ist?

Text 9

Aus dem ersten Kapitel des Großen Bundahischn, einer mittelpersischen Kosmogonie, deutsch von G. Wilengren:

Ahriman weilte in der Tiefe, von Finsternis umgeben, mit Afterwissen und Mordgier ausgerüstet. Er war und ist, wird aber nicht immer sein. Und die Mordgier ist seine Natur (?) und jene Finsternis sein Ort ... Ohrmazd wußte kraft seiner Allwissenheit, daß der Böse Geist existierte und daß er nach oben stürmen wollte und wie er sich vermischen werde, weil sein Wille Neid ist ... Der Böse Geist war wegen seines Afterwissens über das Dasein Ohrmazds unwissend. Darum stieg er aus jener Tiefe empor und gelangte an die Grenze, wo die Lichter erblickt werden. Als er das Licht Ohrmazds als nicht-greifend sah, stürmte er hervor. Wegen seiner Mordgier und seiner neidischen Natur machte er einen Ansturm, um es zu zerstören. Aber als er dann sah, daß die Stärke und Sieghaftigkeit (dort oben) größer als seine eigene waren, lief er zurück zur Finsternis und schuf viele Dämonen, jene zerstörende Schöpfung, die nach Streit trachtet. Als Ohrmazd die Schöpfung des Bösen Geistes sah, erschien sie ihm als nicht-angemessen, eine Schöpfung, schauderhaft, stinkend, böse und schlecht, und er verehrte sie nicht ... Dann ging Ohrmazd dem Bösen Geist entgegen, weil er die Art kannte, wie das Ende der Schöpfung herbeigeführt werde, und bot Frieden an ... Und der Böse Geist heulte zurück: »Nicht bringe ich deiner Schöpfung Hilfe und nicht gebe ich Lobpreisung, sondern ich will dich und deine Schöpfung zerstören bis in alle Ewigkeit. Ich will mich erheben, deine ganze Schöpfung zur Feindseligkeit gegen dich und zur Freundschaft gegen mich bringen« ... Und Ohrmazd sagte zum bösen Geist: »Setze eine Zeit fest, damit ich gemäß dieser Vereinbarung mich (mit dir) für 9000 Jahre in einen Kampf einlasse.« Denn er wußte, daß durch dies Festsetzen einer Zeit er den Bösen Geist werde unschädlich machen können. Dann willigte der Böse Geist wegen seiner Unfähigkeit, das Ende vorauszusehen, in diesen Vertrag ein ... Dann ... zeigte Ohrmazd dem Bösen Geist seinen eigenen Endsieg und die Unfähigkeit des Bösen Geistes und die Ausrottung der Dämonen, die Auferstehung und den künftigen Körper und die Freiheit der Schöpfung von der Gegenschöpfung bis in alle Ewigkeit. Als der Böse Geist seine eigene Unfähigkeit und die Vernichtung sämtlicher Dämonen sah, wurde er betäubt und bewußtlos und stürzte in die Finsternis zurück ... Der Böse Geist lag 3000 Jahre betäubt zu Boden geschlagen wegen seiner Unfähigkeit, den Geschöpfen Ohrmazds etwas Böses anzutun ... Während dieser Unfähigkeit des Bösen Geistes brachte Ohrmazd die irdische Schöpfung hervor ...

Text 10

Hiob Kap. 1, 6–12, deutsch von C. Steuernagel:
Nun geschah es eines Tages, daß die Engel kamen, sich vor Jahwe zu stellen, und auch der Satan kam unter ihnen. Da fragte Jahwe den Satan: Wo kommst du her? Der Satan antwortete Jahwe und sprach: Von einem Streifzug auf der Erde und von einem Umherwandeln auf ihr! Da sprach Jahwe zum Satan: Hast du wohl Acht gehabt auf meinen Knecht Hiob, daß es seinesgleichen niemand auf Erden gibt, so unsträflich und rechtschaffen, gottesfürchtig und dem Bösen feind? Der Satan erwiderte Jahwe und sprach: Fürchtet Hiob Gott etwa umsonst? Hast du nicht selbst ihn und sein Haus und alles, was ihm gehört, rings umhegt? Seiner Hände Arbeit hast du gesegnet und seine Herde hat sich im Lande ausgebreitet. Aber recke nur einmal deine Hand aus und taste an alles, was ihm gehört, so wird er dir sicherlich einen Fluch ins Gesicht schleudern! Da sprach Jahwe zum Satan: Wohlan, alles, was ihm gehört, sei in deiner Gewalt; nur wider ihn selbst recke deine Hand nicht aus! Und der Satan ging von Jahwe hinweg.

Text 11

Aus der Gemeinderegel von Qumran (Kol. 3, 15–4, 14), deutsch von E. Lohse:

Vom Gott der Erkenntnis kommt alles Sein und Geschehen. Ehe sie sind, hat er ihren ganzen Plan festgesetzt. Und wenn sie da sind zu ihrer Bestimmung, so erfüllen sie nach seinem herrlichen Plan ihr Werk und keine Änderung gibt es. In seiner Hand liegen die Satzungen für alles, und er sorgt für sie in all ihren Geschäften. Und er schuf den Menschen zur Herrschaft über den Erdkreis und bestimmte ihm zwei Geister, darin zu wandeln bis zur vorbestimmten Zeit seiner Heimsuchung. Das sind die Geister der Wahrheit und des Frevels. An der Quelle des Lichtes ist der Ursprung der Wahrheit, aber aus der Quelle der Finsternis kommt der Ursprung des Frevels ... In der Hand des Engels der Finsternis liegt alle Herrschaft über die Söhne des Frevels, und auf den Wegen der Finsternis wandeln sie. Und durch den Engel der Finsternis kommt Verirrung über alle Söhne der Gerechtigkeit, und alle ihre Sünde, Missetat und Schuld und die Verstöße ihrer Taten stehen unter seiner Herrschaft entsprechend den Geheimnissen Gottes, bis zu seiner Zeit. Und alle ihre Plagen und die festgesetzten Zeiten ihrer Drangsal stehen unter der Herrschaft seiner Anfeindung ...

Text 12

Neutestamentliche Stellen, deutsch von C. Weizsäcker:

2. Kor. 6, 14–16: Was haben Gerechtigkeit und Frevel für Teil aneinander? oder was hat das Licht für Gemeinschaft mit der Finsternis? Wie stimmt Christus mit Belial, oder was hat der Gläubige mit dem Ungläubigen zu teilen? Wie verträgt sich Gottes Tempel mit den Götzen? Denn wir sind der Tempel des lebendigen Gottes.

Offb. Joh. 12, 7–10: Und es ward Krieg im Himmel von Michael und seinen Engeln gegen den Drachen. Und der Drache und seine Engel stritten, und sie vermochten es nicht, und es gab keinen Platz mehr für sie im Himmel. Und der große Drache wurde geworfen, die alte Schlange, die da heißt Teufel und Satan, die den Erdkreis verführt; er ward

auf die Erde geworfen, und seine Engel wurden mit ihm geworfen; und ich hörte eine laute Stimme im Himmel rufen: Nun ist gekommen das Heil und die Macht und das Reich unseres Gottes und die Vollmacht seines Christus.
Hebr. 2, 14f.: Da nun die Kinder an Blut und Fleisch Teil haben, bekam auch er (Christus) ähnlich Teil daran, damit er durch den Tod zunichtemache den, der die Gewalt des Todes hat, das ist der Teufel, und befreie die, welche durch Todesfurcht im ganzen Leben in Sklaverei gehalten waren.
Joh. 13, 21–27: Als Jesus dies gesagt, ward er erschüttert im Geiste und zeugte und sprach: Wahrlich, wahrlich, ich sage euch: Einer von euch wird mich verraten . . . (Der Lieblingsjünger fragt:) Herr, wer ist es? Da antwortet Jesus: Der ist es, dem ich den Bissen eintauchen und geben werde. Da tauchte er den Bissen ein, nimmt ihn, und gibt ihn dem Judas, dem Sohn Simons des Iskarioten. Und nach dem Bissen, hierauf fuhr der Satan in ihn, da spricht Jesus zu ihm: Was du tust, tue bald.

Text 13

Aus den Exzerpten des Zatspram (1, 26–33), deutsch von G. Widengren:
3000 Jahre war die Schöpfung stofflich und unbeweglich. Sonne, Mond und Sterne standen still in der Höhe, ohne (ihren) Lauf zu tun. Am Ende dieser Zeit(-spanne) überlegte sich Ohrmazd: »Was für Nutzen bleibt aus dem Schöpfungswerk, wenn es ohne Bewegung, ohne Lauf, ohne Bahn ist?« Und mit Hilfe des Himmelsgewölbes und des Zurvan brachte er die (bewegte) Schöpfung zustande. Zurvan war so mächtig, daß er die Schöpfung Ohrmazds in Gang setzte ohne Ingangsetzung der Schöpfung Ahrimans, denn die (zwei) Grundprinzipien sind einander schädlich und entgegengesetzt. Und in Anbetracht des Endziels (?) überlieferte (Zurvan) an Ahriman ein Werkzeug aus dem eigenen Wesen der Finsternis, mit dem die Kraft Zurvans verbunden war, in der Art einer Haut (?), kohlenartig (?) und schwarz und aschenfarbig. Und bei der Übergabe sagte er: »Mit dieser Waffe wird die Lust (Az) die deinigen verschlingen. Sie selbst wird Hungers sterben, wenn du am Ende der 9000

Jahre nicht, wie angedroht, zu Ende geführt hast, den Vertrag zu erfüllen und die Zeit abzuschließen.«

Text 14

Aus einem hermetischen Traktat (6, 3 f.), deutsch von C. Colpe:
Im Menschen aber besteht das Gute im Vergleich mit dem Bösen. Denn das Böse, das nicht zu stark ist, ist hier unten das Gute, und was hier unten das Gute ist, ist das geringste Teilchen des Bösen. Unmöglich kann nun das Gute hier unten rein von jeglichem Bösen sein; denn das Gute wird hier unten böse; und wenn es böse geworden ist, bleibt es nicht mehr gut; und da es das nicht geblieben ist, bleibt es böse. Einzig in Gott also existiert das Gute, oder Gott selbst ist das Gute. Doch Asklepios, unter den Menschen (findet man) lediglich den Namen des Guten, aber nicht sein Werk. Das ist nämlich unmöglich. Denn ein materieller Körper hat keinen Platz dafür, da er allenthalben vom Bösen gefesselt ist, von Mühen, Schmerzen, Begierden, Zornausbrüchen, Täuschungen und unvernünftigen Meinungen. Das Allerschlimmste aber ist, o Asklepios, daß jedes von den eben erwähnten Dingen sich darauf verläßt, hier unten das größte Gut zu sein, obwohl es doch gerade ein unübertreffliches Übel ist. Die Gefräßigkeit begünstigt alles Übel ... Die Verirrung ist hier unten die Abwesenheit des Guten. Ich aber weiß Gott Dank, daß er mir sogar noch das, was die Erkenntnis des Guten betrifft, in den Geist gesenkt hat, da das Gute selbst ja im Kosmos nicht existieren kann. Denn der Kosmos ist die Fülle des Bösen, Gott aber die Fülle des Guten, oder das Gute die Fülle Gottes.

Text 15

Aus den manichäischen Kephalaia (S. 30, 33–32, 22), deutsch von H. J. Polotsky:
Was den König der Finsternis anbetrifft, so sind fünf Gestalten an ihm: Sein Kopf hat ein Löwengesicht, seine Hände, seine Füße haben ein Dämonengesicht, seine Schultern haben ein Adlergesicht, sein Bauch ein Drachengesicht, sein

Schwanz hat ein Fischgesicht... Es sind nun weitere fünf Schemata (?) an ihm. Das erste ist seine Finsternis, das zweite ist sein Gestank, das dritte ist seine Häßlichkeit, das vierte ist seine Bitterkeit, seine eigene Seele, das fünfte ist sein Brand, der brennt wie ein ... von Eisen, das im Feuer geschmolzen wird. Er ist furchtbar in seiner Stimme, er ist schrecklich, er flößt Schrecken ein seinen Mächten durch seine Stimme. Denn wenn er redet, gleicht er dem Donner in den Wolken.

In einer anderen Dimension als die Religionswissenschaft bewegt sich die Tiefenpsychologie bei der Interpretation des Bösen im Glauben der Völker. Die Figur der Medea wird darum als Beispiel gewählt, weil die gleichnamige Tragödie des Euripides nach Worten von Max Pohlenz »ganz aus der Versenkung in die Seele der Heldin geschaffen ist ... und die Tragik des Menschen in sein Inneres verlegt.«

Euripides
Medea

Aus der Schlußszene

JASON. Du Ungeheuer! Du den Göttern, mir,
Der ganzen Menschheit hassenswerte Frau!
Du hast die Kinder, die du selbst geboren,
Erstochen und mich kinderlos gemacht
Und wagst der Sonne noch und Erd ins Antlitz
Zu schaun nach solcher gottverhaßten Tat!
Fluch dir! ..
MEDEA. In langer Rede würd ich dir erwidern,
Wenn Vater Zeus nicht selber alles wüßte,
Was ich an dir und du an mir getan.
Du solltest nicht, nachdem du mich verraten,
Dich deines Lebens freuen, mir zum Hohn,
...
Nenne mich Untier, wenn du willst; vergleiche
Mich mit der Skylla des Tyrsenerlandes!

JASON. Auch du bist von dem Kummer mitbetroffen.
MEDEA. Ich bin's! sei's drum, wenn nur dein Hohn verstummt.
JASON. Ach, Kinder, eure Mutter war so schlecht!
MEDEA. Ach, Kinder, Vaters Falschheit bracht euch um!
JASON. Fürwahr nicht meine Hand hat sie geschlachtet.
MEDEA. Nein! Deine Hoffart und dein Ehebruch.

...

MEDEA. Die Götter wissen, wer zuerst gesündigt.
JASON. Dann wissen sie, es war dein schändlich Herz.
MEDEA. Hasse mich stumm! Dein Schimpfen ekelt mich.
JASON. Und deines mich. Leicht kommen wir zum Schluß.
MEDEA. Was forderst du? Ich käme gern zum Schluß.
JASON. Gib mir die Leichen, daß ich sie bestatte,
Wie sich's gehört, und ihren Tod beweine.
MEDEA. Niemals! Mit eigner Hand bestatt ich sie
In der akräischen Hera heilgem Hof,

...

... und dem Sisyphusland
Stift ich für alle Zukunft feierlich
Ein Weihefest zur Sühne meiner Mordtat.
Ich geh in des Erechtheus Land und wohne
Bei König Aigeus, des Pandion Sohn.
Dein aber wartet ein erbärmlich Ende.
Der Argo Wrack zerschmettert dir das Haupt.
So endet unsrer Lieb und Eh Geschichte.

(Übersetzt von Hans von Arnim)

Marie-Louise von Franz
Kommentar zu »Medea«

Von einem psychologischen Standpunkt aus betrachtet, muß man in dem Bereich, den der Mensch allgemeinhin als das Böse ansieht, zwei Schichten unterscheiden: Das eine ließe sich mit C. G. Jung als das *archetypische absolut Böse* bezeichnen, als einem Aspekt der Natur und des hinter ihr stehenden göttlichen Geheimnisses. Das ist ein Abgrund, an dem der Mensch meistens schaudernd vorbeigeht oder nur mit rituellen, religiösen Mitteln auszuweichen sucht. Nur einzelne, wie Hiob oder Christus, haben damit gerungen und durch Anrufung Gottes gegen Gott selber das Böse zu propitieren versucht. Das zweite ist eher ein Stück kulturell zurückgebliebener Minderwertigkeit im Menschen, ein Stück Tierischkeit und Maßlosigkeit, das nicht *nur* Böse ist, sondern mit der nötigen menschlichen Weisheit eingebaut und gewandelt werden kann. Jung nennt es den »Schatten« des Menschen.

Letzterer Teil des Bösen wechselt je nach den verschiedenen Kulturen in seinem Wesen. In den Kulturen, welche das väterliche Prinzip des Geistes höher stellen als Mutter Erde, wird dieses Böse meistens mit dem Weiblichen assoziiert. Im alten Griechenland (wie auch in der judäo-christlichen Kultur) ist dies der Fall und spiegelt sich im ständigen Ehestreit von Zeus und Hera wieder. Die Tragödie der Medea ist in diesem Rahmen zu verstehen, da ja auch die Hauptfigur Jason zu seiner Hilfe Zeus anruft, Medea aber ihre ermordeten Kinder im Hain der Hera begräbt. Anlaß zu Medeas Morden ist Jasons Vernunftehe mit der Tochter Kreons. Politische und utilitaristische Motive stehen bei ihm im Vordergrund, die männliche Geisteswelt, welche Tradition und Sicherheit sucht. Die »Fremde«, Medea, aber verkörpert das seelisch barbarisch Gebliebene, die Leidenschaftsnatur und das durch die Vernünftigkeit *gekränkte Gefühl,* das sich deshalb der Zerstörung zuwendet. Medea ist nicht absolut böse, darum berührt das Drama unser Gefühl als tragisch und ruft uns zum Nachdenken auf. Im weiblichen Bereich ist Gefühlskränkung und die dadurch aufflammende Eifersucht und Rachsucht meistens der Anlaß des Bösen. Weil sich unsere ganze Kultur auch heute noch viel zu viel nur dem väterlich, geistigen Prinzip der Vernunft verpflichtet hat ist das Drama auch heute noch gültig. Wir stehen darum vor der Aufgabe das gekränkte weibliche Prinzip: Natur, Erde, Gefühl versöhnen zu müssen und unserer »wissenschaftlich« kalkulierenden Vernunft Grenzen setzen. Sonst wird Medea, die maßlose Leidenschaftlichkeit der gekränkten Liebe auch unsere Kinder, d. h. unsere Zukunft zerstören.

Marie-Louise von Franz

Psychologische Überlegungen zum Problem des Bösen in der Sicht C.G. Jungs

Man sollte den Begriff des Bösen zunächst im Rahmen zweier fundamentaler Bereiche untersuchen: in dem Bereich des (kollektiven) Bewußtseins und dem des (kollektiven) Unbewußten. Der erstere Bereich umschließt die Summe aller bewußt von vielen Individuen vereinbarten Urteile darüber, was Gut oder Böse sei, und findet sich niedergelegt in den Tabu-Regeln und Bräuchen der Naturvölker und später in den Gesetzen der Kulturvölker. Obwohl alle uns bekannten Völker prinzipiell solche Gesetze kennen, so variieren sie inhaltlich in weitgehendem Maße. Sie bilden ein zeitgebundenes soziologisches Phänomen, in welchem Tradition und Neuerungstendenzen ein Spannungsfeld konstellieren.
Der zweite Bereich bedarf einiger Erläuterung: Es erscheint wahrscheinlich, daß unser Bewußtsein evolutionsgeschichtlich eine relativ späte Errungenschaft ist; bei manchen Naturvölkern ist es noch ein sehr schwaches Phänomen, d. h. die Menschen handeln weitgehend unbewußt in dem Sinne, daß sie sich und andern keine bewußte Rechenschaft über ihr Handeln geben können. Trotzdem haben auch diese Völker Tabus und Bräuche, die sogar mit großer Strenge eingehalten werden. Jung vermutet, daß dieses unbewußte Brauchtum den »elementaren Verhaltensweisen« vergleichbar sei, welche die Zoologie bei den Tieren beobachtet. Auf dieser Stufe gibt es also auch schon gut = der Regel entsprechend und böse = regelwidrig. Gut und Böse wären demnach seelische strukturelle Urgegebenheiten, die Jung Archetypen genannt hat. Was also für das kollektive Bewußtsein eines Volkes gut oder böse ist, läßt sich am Gesetzeskodex und an seinen religiösen Lehren ablesen, was aber ist es für das kollektive Unbewußte? Die beste Informationsquelle hierüber fände sich in den Träumen der einzelnen Menschen, doch ist dieser Manifestationsbereich des Unbewußten so unübersichtlich und individuell variierend, daß wir ihn in einer allgemeinen Darlegung als Grundlage kaum gebrauchen können. Eine brauchbare Grundlage bieten hingegen die Bräuche, Sagen und Märchen der Völker, weil in ihnen ein elemen-

tares Grundgut von unbewußten Phantasiebildern aufgespeichert wurde, das sich als ungeheuer gleichförmig erweist und darum als Ausdruck der unbewußten Grundstrukturen der menschlichen Psyche angesehen werden kann.

Wie behandeln nun z. B. die Märchen der Völker das Problem des Bösen? Sie drehen sich fast immer um die Besiegung des Bösen durch das Gute – aber was *inhaltlich* gut oder böse ist, läßt sich nie eindeutig festlegen: In dieser Geschichte ist Mut richtig, in jener ist Flucht das Gegebene. Hier siegt der Held durch abgefeimte Lügen, dort durch naive Aufrichtigkeit, hier muß der zu erlösende Partner mit Liebe erlöst werden, dort mit Härte usw. Jedes Märchen ist eine Just – so – Geschichte; allgemeine Regeln, die man daraus ableiten wollte, müßten immer in Paradoxien, in einem Ja *und* Nein formuliert werden. Und doch ist in jeder Einzelgeschichte nur Dieses und nicht Jenes »richtig«. Nur eine einzige Ausnahme habe ich zu dieser antinomischen Moral der Märchen gefunden: *Wer dem sog. »hilfreichen Tier« folgt, handelt immer richtig.* Die Gestalt des »hilfreichen Tiers« im Märchen ist ein eindeutiger Richter über Gut und Böse – es verkörpert einen den anderen Verhaltensweisen letzten übergeordneten Instinkt.

Letzteren hat Jung den Drang zur Individuation d. h. zur Selbstwerdung bezeichnet, wobei das Wort Selbst *nicht das Ich,* sondern die umfassendere bewußt-unbewußte Ganzheit der Persönlichkeit meint.

Das Böse selber ist in den Märchen in zweierlei Form vertreten: einerseits durch Figuren, welche nicht letztlich zerstörerisch wirken, sondern »das Böse wollen und das Gute schaffen«. Sie verkörpern ein Stück noch uneingebauter primitiver Natur in uns. Andererseits treten in den Mythen und Sagen auch Gestalten auf, die nur und letztlich böse und destruktiv sind. Diese letzteren haben fast immer *göttliche* Bedeutung und sind bei Völkern mit einer monotheistischen Religion *ein Aspekt Gottes selber.* (Wir Europäer schwanken meistens zwischen der Idee einer Zweiheit: Gott – Teufel, Gott – sündiger Mensch oder einem Eingeständnis, daß Gott selber auch die Ursache des Bösen sei.) Viele Märchen des christlichen Kulturbereiches erzählen uns, wie ein Held sich mit dem Teufel, der bösen Seite der Gottheit, mißt und Leben, Wissen und »höchsten Wert« aus der Hölle in den Menschenbereich zurückholt. Ein besonders schönes Beispiel ist das siebenbürgische Märchen »Der Königsohn und die Teufelstochter*«. In dieser Erzählung gerät ein Prinz unschuldig in die Hand des Höllenfürsten, der ihm unlösbare Aufgaben stellt. Da erscheint die »menschengefühlige« Tochter des Teufels und löst alle Aufgaben für den Prinzen. Erbost will der Teufel beide vernichten. Da entflieht das Paar und verwandelt sich immer wieder in verschiedene Gestalten, um den Teufel zu täuschen: Zuerst wird die Teufelstochter zu einer Kirche, in der der Prinz als Priester betet, dann wird sie zu einer Erle, in der er als goldenes Vögelein singt, dann zu einem Reisfeld, in dem er als Wachtel ruft, und zuletzt wird sie zu einem Milchteich und er zur Ente, und sie sagt zu ihm: »Schwimme nur immer in der Mitte herum und halte das Haupt versteckt.« Der Teufel verwandelt sich in eine Gans und schlürft Teich und Ente auf. Da beginnt die Milch zu sieden, die Teufelsgans zerplatzt, und das Paar ist gerettet und feiert Hochzeit. Solche Motive deuten an, wie sich der Mensch vor dem Abgrund des Bösen retten kann, durch die Religion (Kirche), durch inneres Wachstum (Baum), durch Fruchtbarkeit (Reisfeld) und endlich durch innere Reinheit, für welche die Milch ein Symbol ist. Der Prinz aber muß in der *Mitte* bleiben und sein Haupt verbergen. Er darf das Böse nicht einmal ansehen, sondern muß ganz eingetaucht in der inneren Seelenmitte bleiben. So sucht er im Symbol des göttlichen inneren Seelenzentrums Schutz gegen Gott selber; ganz eingehüllt vom Prinzip des Eros, das durch die »menschenfühlige« Unterweltstochter symbolisiert ist. In diesem Symbolzusammenhang erscheint die göttliche Ganzheit stärker als der göttliche Teilaspekt, das Böse. Dies erinnert an Hiob, der ebenfalls weinend Hilfe bei Gott selber sucht gegen den bösen Aspekt Gottes. Und wenn der Mensch dies tut, scheint sich der finstere Aspekt der Gottheit zu wandeln. Vielleicht ist es darum die schöpferische Aufgabe der *Menschen*, die Natur und Gott selber von der Dämonie des Bösen zu erlösen, durch einen Prozeß innerer Bewußtwerdung und auch dadurch, daß er sich einem schöpferischen Keimpunkt in der Mitte seiner Seele bedingungslos zuwendet. Das

* Deutsche Märchen seit Grimm, ed. Van der Leyen und P. Zaunert, Diederichs, Bd. I, S. 155 ff.

wenigstens scheint die Lehre zu sein, die uns die »Naturmoral« des Unbewußten in Sagen und Mythen lehren will.

In spezifischer Weise stellt sich das Böse im Satanskult dar, dessen Entwicklung parallel zum christlichen Kult verläuft. Später verlagert sich diese Antithese mehr ins Künstlerische. Satanistische Kult- und Kunstformen bilden den Gegenstand der folgenden Betrachtung.

Gerhard Zacharias
Satan in Kult und Kunst

Fernseh-Drehbuchtext

Satanskult im heutigen England (Film): Hexen	(1. Sprecher): Im heutigen England spielt der Satanskult eine relativ große Rolle. Zahlreiche Kreise von Teufelsanbetern und Hexenzirkel haben sich gebildet. Oft steht die Figur einer Priesterin im Mittelpunkt, der magische Kräfte zugeschrieben werden. Sie besitzt die Macht, den Satan durch Beschwörungen heibeizurufen.
Schwarze Messe (Blutopfer)	In Schwarzen Messen – diese Aufnahmen stammen ebenfalls aus England – erscheinen Motive ritueller Blutopfer. Das Blut, von jeher als Träger der Seele angesehen, wird dem Satan dargebracht als Besiegelung der Vereinigung mit ihm. In ekstatischen Tänzen um einen magischen Kreis feiern die Teilnehmer diesen Bund.
Historische Dokumentation Zeit des frühen Christentums: Anbetung der Schlange	Als Vorläufer des Satanskultes sind bereits die Schlangenkulte in gnostischen Gemeinschaften anzusehen.
Cyprian-Grab	Aus dem vierten Jahrhundert sind orgiastische Tänze an den Gräbern der

Märtyrer überliefert. So geißelt Augustinus derartige Vorgänge am Grab des heiligen Cyprian:

(2. Sprecher:) »In einen so heiligen Ort war die Seuche und Frechheit der Tänzer eingedrungen. Die ganze Nacht hindurch wurde hier Frevelhaftes gesungen, und während sie sangen, wurde getanzt. Nach einigem Sträuben wich diese Pest der Vernunft.«

Flagellanten und Tänzer

(1. Sprecher:) Grenzphänomene zum Satanskult sind im Mittelalter die Flagellantentänze. Sie nehmen zum Teil epidemisches Ausmaß an.

Eselsfest in französischer Kathedrale

Narren- und Eselsfeste in Kirchen werden – vor allem in Frankreich – zeitweise geduldet, ja ritualisiert. Ein Quellentext:

(2. Sprecher:) »Am Schluß der Messe wird der Priester dreimal wiehern und das Volk dreimal antworten: I-a, i-a, i-a.«

Statement I

Die Tradition des Satanskultes und seiner Grenzphänomene wird nur begreiflich, wenn man sich die Entstehungszeit des Christentums vergegenwärtigt. Es war die Epoche der römischen Spätantike, einer ausgesprochenen Verfallskultur, in der destruktive Triebhaftigkeit – Roheit und Raffinesse zugleich – dominierte. Hier setzte die junge Kirche ein scharfes Kontra: Die dunklen göttlichen Mächte, deren Kult damals in den Strom des allseitigen Zerfalls hineingerissen war, wurden dämonisiert. Das Christentum vertrat das Prinzip des Apollinisch-Klaren gegenüber dem Dionysisch-Rauschhaften, das Prinzip des hellen und guten, in Christus menschgewordenen Gottes gegenüber der Finsternis und Bosheit der in Satan gipfelnden widergöttlichen Gewalten. Entsprechend wurden das Körperlich-Sexuelle und der dunkle Aspekt des Weiblichen entwertet. Diese Position des Christentums forderte eine Gegenbewegung heraus. Die Entwicklung erfolgte allmählich: Zunächst handelte es sich vorwiegend um

Grenzphänomene, da sich dionysisch-orgiastisch gefärbte Erscheinungen noch einige Zeit – nicht nur in verschiedenen Sekten, sondern auch im Rahmen der Kirche und ihrer Anhänger – behaupten konnten. Erst die spätmittelalterliche Ausformung der Theologie und Liturgie ergab jene Grundlage, auf der sich der Satanskult im spezifischen Sinne bildete.

Spätmittelalter: Bilder vom Hexensabbat	(1. Sprecher:) Der eigentliche Satanskult erreicht seinen ersten Höhepunkt im Hexensabbat des Spätmittelalters.
Blocksberg	Auf Blocksbergen und an ähnlichen Stätten werden nächtliche Rituale abgehalten, an denen – nach der Überlieferung – große Menschengruppen teilnehmen.
Teufel als Bock mit Sabbat-Teilnehmern	Der Teufel erscheint in Gestalt eines Bockes. Zum Ritus gehören: die Abschwörung Gottes, der Kuß auf das Gesäß des Satans, sexuell-orgiastische Tänze, die Kopulation mit dem Satan und der Anwesenden untereinander ohne Einhaltung der Inzestschranke.
Königin des Sabbats	Neben dem Satan tritt nicht selten die »Königin des Sabbats« auf.
Hexen auf Besen	Die Flugerlebnisse der zum Sabbat eilenden Hexen ist – wie neuere Forschungen ergeben haben – durch Halluzinationen infolge Anwendung von Giften zu erklären.
Sabbat-Mahlzeit	Auch Mahlzeiten mit kannibalistischem Charakter sind beim Hexensabbat üblich: (2. Sprecher:) »Man sieht dort große Kessel, voll von Kröten und Vipern, Herzen von ungetauften Kindern, Fleisch von Gehenkten und anderem schauderhaften Aas.«
Satan in mehreren Gestalten	(1. Sprecher:) Zum Teil wird berichtet, daß der Satan auf dem Sabbat

	eine Art Messe lese, bei der eine schwarze Hostie verwendet wird und Kröten oder Schlangen geopfert werden.
Sabbat-Teilnehmer	Nach den Inquisitionsprotokollen sprechen die Teilnehmer des Sabbats immer wieder von Lusterlebnissen, die sich mit nichts vergleichen ließen und um derentwillen sie Folter und Tod in Kauf zu nehmen bereit seien.
Einblendung: Pan	Feiert in der Bocksgestalt des Satans der antike Bocksgott Pan eine Wiederauferstehung, so hat die Raserei der Hexen eine deutliche Beziehung zur Ekstase der Mänaden im antik-dionysischen Kult.
Einblendung: Mänaden	Der zitierte Dämonologe:
Hexentanz	(2. Sprecher:) »Sie trippeln und machen den Dreischritt mit den unanständigsten und schmutzigsten Bewegungen, die sie können.«
	(1. Sprecher:) Im Treiben des Hexensabbats äußert sich oftmals auch der Protest des niederen Volkes gegen die herrschende Klasse.
Schwarze Messe z. Zt. Ludwig XIV.: Roi Soleil (Portrait)	Einen weiteren Höhepunkt erreicht der Satanskult zur Zeit Ludwig XIV. Er steht in seltsamem Kontrast zur Gestalt des »Roi Soleil«.
Madame de Montespan (Portrait)	Satanistische Rituale verbreiten sich nunmehr in der Hofgesellschaft und werden individuell-magischen Zwekken unterworfen.
Entsprechendes historisches Bild	Schwarze Messen werden auf dem nackten Körper einer Frau ausgeführt. Dabei kommt es zur Tötung von Kindern, zur Verwendung ihres Blutes.
	Durch Schwarze Messen will Madame de Montespan die Gunst des Königs erzwingen.

	Der Priester:
	(2. Sprecher:) »Astaroth, Asmodi, ich beschwöre euch, das Opfer anzunehmen, das ich euch darbringe mit diesem Kinde, damit die Freundschaft des Königs fortdauere.«

Statement II

Der klassische Boden für die Ausgestaltung des Hexenwesens und des Sabbat-Rituals war der Süden von Frankreich, das Land, in welchem sich die Traditionsströme der kabbalistischen Geheimwissenschaft und der von Spanien her eindringenden islamisch-maurischen Magie mit der christlichen Kultur vermischten. Von diesem Zentrum aus verbreitete sich der Kult des Hexensabbats über große Teile Europas, wobei er mannigfache folkloristische Sonderfärbungen annahm und oft auch zum Ausdruck des Protestes der niederen Klassen gegen die herrschende gesellschaftliche Ordnung wurde. Es ist eine »Wiederkehr des Verdrängten« von gewaltigem Ausmaß. Dabei muß gesehen werden, daß es vom phänomenologischen Standpunkt aus unerheblich ist, ob es sich bei den Schilderungen und bildlichen Darstellungen um Realvorgänge oder um Ausschmückungen oder Ausgeburten der Phantasie handelt, denn seelische Realitäten zählen nicht minder als Fakten. – Im siebzehnten Jahrhundert entwickelte sich der Satanskult zu einer Privatmesse, die individuellen Zwecken dienstbar gemacht wurde. Uralte blutmagische Vorstellungen der Menschheit wurden auf kannibalistisch-primitiver Ebene reproduziert –. Im neunzehnten und zwanzigsten Jahrhundert verlagert sich das Schwergewicht des Satanskultes auf künstlerische Manifestationen: im Zeichen der Romantik auf die Poesie und im Zeichen des Surrealismus auf bildende und darstellende Künste.

19. Jahrh.:	(1. Sprecher:) Im 19. Jahrhundert wird der Satanskult poetisiert.
Baudelaire (Portrait)	Baudelaire, der sich einem satanistischen Kreis anschließt, fügt seinen »Fleurs du Mal« eine Satanslitanei bei:
	(2. Sprecher:) »Großer König der un-

terirdischen Dinge, vertrauter Heiler der menschlichen Ängste, o Satan, erbarme dich meines langen Elendes.«

Leopardi
(Portrait)

(1. Sprecher:) Der italienische Dichter Giacomo Leopardi, der einen radikalen metaphysischen Pessimismus vertritt, besingt den Satan in einem Hymnus:

(2. Sprecher:) »König der Dinge, Urheber der Welt, geheime Ruchlosigkeit, höchste Macht und höchste Intelligenz. Lebe, Ahriman, und du wirst immer triumphieren.«

Carducci
(Portrait)

(1. Sprecher:) Der Nobelpreisträger Giosuè Carducci, der in der italienischen Freimaurerei eine Rolle spielte, preist dagegen den Satan in einem jubelnden Lied:

(2. Sprecher:) »Wirf fort deine Fessel, menschlicher Gedanke. Sei gegrüßt, o Satan, o Rebellion, o rächende Macht der Vernunft. Du hast besiegt den Jehova der Priester.«

Schwarze Messe
nach Huysmans
(Stich von Chaprout)

(1. Sprecher:) Berühmt ist die Schilderung einer Schwarzen Messe in dem Roman »Là-Bas« von Joris Karl Huysmans:

(2. Sprecher:) »Die Aura der großen Hysterie erfolgte auf die Schändung und beugte die Frauen nieder; während die Chorknaben die Nacktheit des Priesters beräucherten, stürzten sich Frauen auf das eucharistische Brot und erkrallten es, platt auf dem Bauche, zerrissen es in feuchte Stücke, schlürften und aßen diesen göttlichen Kot.«

20. Jahrh.:

(1. Sprecher:) Auch im 20. Jahrhundert wird die Tradition der Schwarzen Messe fortgesetzt, wenn auch in epi-

	gonaler Weise. Rituelle Motive aus früheren Zeiten leben in meist verflachter Form wieder auf.
Kultpersiflagen im frühen Bolschewismus	Daneben entwickeln sich neue Phänomene, wie Persiflagen des christlichen Kultes im frühen Bolschewismus.
»Hochzeit von Kana«	Eine Spott-Ikone stellt die Hochzeit von Kana als Schnaps-Gelage dar, das Jesus mit seinen Jüngern veranstaltet. Im Text: (2. Sprecher:) »Und er tränkte mit Schnaps die ganze Horde, und es glaubten an ihn seine Jünger.«
Max Ernst, »Rom«	(1. Sprecher:) Besondere Bedeutung gewinnen satanistische Elemente in der modernen Kunst, vor allem im Surrealismus. So zum Beispiel bei Max Ernst in seiner Collage »Rom«.
»Notre-Dame en Palais d'amour«	Bernard Roger verwandelt Notre-Dame durch eine Foto-Montage in einen Liebespalast.
Trouille, »Mon caveau«	Die Bilder von Clovis Trouille verkoppeln Profanes mit Sakralem. Sie sind phantasievoll und ironisch zugleich. Er ist ebenso fasziniert von katholischen Symbolen wie verwurzelt im traditionellen französischen Antiklerikalismus.
Filmszenen aus: Buñuel, »Viridiana«	Luis Buñuel führt satanistische Aspekte in den Film ein. In seinem 1961 gedrehten Film »Viridiana« gibt es eine Fülle von parodistischen Anspielungen auf Motive in der Lebensgeschichte Jesu. Den Höhepunkt des Films bildet jene Szene, in der sich eine Gruppe von Bettlern, die eine Art Orgie feiern, zu einer Tafelrunde formiert, die schließlich zu einer Nachahmung des

»Abendmahles« von Leonardo da Vinci wird.

Nach einem Hahnenschrei – in den Evangelien das Zeichen für den Verrat des Petrus – reißt sich eine Frau die Röcke über den Kopf, um die Szene mit dem Apparat zu photographieren, »den sie von ihren Eltern mitbekommen habe«.

Materialaktion Muehl

Der Wiener Avantgardist Otto Muehl bezieht in seinen »Materialaktionen« eine extreme Gegenposition zur spiritualistischen Tendenz der christlichen Kultur, die Materie und Körper entwertet. Die Lebensmittel und die anderen Stoffe, mit denen das Modell beschüttet wird, sind Symbole für die »prima materia«, den mütterlichen Urstoff der Welt.

Pieta
Einschnüren

Pieta
Die Pieta wird in eine Art Embryonalzustand versetzt.

Aktion Nitsch

In seinem »Orgiastischen Mysterientheater« will Hermann Nitsch, der jetzt in der Nähe von München lebt, den Menschen zum Erlebnis eines sadomasochistischen »Urexzesses« führen.

Nitsch, der eine Befreiung von sadistischen Impulsen anstrebt, ist persönlich mit seinen Aktionen stark identifiziert und spricht vom »Hervorbrechen des Dionysischen« und von »Abreaktionsorgiastik«.

P. Willehad Paul Eckert
Zu den Materialaktionen von Otto Muehl und Hermann Nitsch

Die Materialaktionen von Otto Muehl und Hermann Nitsch, die nicht nur in Underground-Filmen zu sehen sind, sondern die auch in Form von Happenings bei öffentlichen Veranstaltungen vorgeführt wurden, so im Dezember 1969 in Braunschweig und im Oktober 1970 im Rahmen der Ausstellung »Happening und Fluxus« in der Kunsthalle Köln, haben zahlreiche Proteste hervorgerufen. Otto Muehl bewirft die Frauen, die sich ihm als Objekt zur Verfügung stellen, mit Essensmaterialien und scheut sich nicht, am Ende der Aktion auf sie zu urinieren. Hermann Nitsch führt die Zerfleischung eines Tieres, eines Hammels anstelle eines Lammes, vor. Der Protest gegen derartige Darbietungen ist selbstverständlich, zu selbstverständlich. Kalkuliert Otto Muehl nicht ganz bewußt diesen Protest ein, wartet er nicht darauf, wird er nicht durch ihn bestätigt? Sind die Materialaktionen von ihm und von Hermann Nitsch anderes als Ausgeburten einer irren Phantasie? Aber wer sich mit einer solchen Reaktion begnügen wollte, der macht es sich doch wohl zu einfach. Im Grunde würde er nämlich einem Phänomen von großer Tragweite ausweichen. Gerade an Grenzfällen, die von der Normalität abweichen, wird sichtbar, was tief in der Seele des Menschen schlummert. Das gilt auch dann, wenn ein Mann wie Otto Muehl mit diesen Dingen spielen sollte. Hinter seinem Tun steckt etwas, was an die Schwarzen Messen gemahnt. Freilich ist bei ihm schon ein Endpunkt erreicht. Dennoch ist hier immer noch etwas zu merken von dem, was sich im Phänomen der Schwarzen Messen artikuliert. Da ist einmal der Wunsch nach Versinnlichung, nach Verdinglichung. Das ist die eine Wurzel der Gegenkulte. Eine andere liegt darin, daß Menschen nicht nur aus dem Wunsch nach Gottesverehrung opfern, sondern deshalb, weil sie sich Gott willfährig zu stimmen suchen. Widersetzt sich aber Gott derartigen Versuchen, läßt er sich nicht beeinflussen, bleibt er stumm, wendet sich der Mensch Götzen und Dämonen zu, sucht er sich den Teufel zum Bundesgenossen zu machen.

Fassen wir die Materialaktionen als Gegenkult auf, dann geben sie uns einigen Aufschluß über die merkwürdigen Verdächtigungen, die Angehörigen eines anderen Kultes gegenüber vorgebracht werden. Insbesondere liefern sie uns einige Hinweise zur psychologischen Deutung der Blutbeschuldigung, die im Mittelalter, aber auch später noch, sogar noch in unserem Jahrhundert, immer wieder gegen Juden vorgebracht wurden. In den Juden sahen die Christen ihre eigentlichen Gegner. Deshalb traute man ihnen zu, daß sie den christlichen Kult pervertierten, ihm einen blutigen Gegenkult entgegensetzten, einen Satanskult. Es ist kein Zufall, daß gerade in der Zeit unmittelbar vor dem Osterfest oder sogleich danach sich immer wieder diese Beschuldigung erhob, daß Juden, und zwar nicht nur einzelne, sondern ganze Gemeinden kollektiv, beschuldigt wurden, in ihren Synagogen anstelle des Osterlamms Christenkinder zu opfern oder Hostien mit ihren Messern zu durchbohren.
Besonders aufschlußreich ist der Trienter Prozeß von 1475. Am Gründonnerstag dieses Jahres verschwand ein $2^1/_2$jähriges Kind namens Simon. In der Nacht von Ostersonntag auf Ostermontag wurde es im Bereich der Synagoge tot aufgefunden. Die Prozeßakten sind erhalten. Sie ergeben das erschreckende Bild einer Majorität der christlichen Gemeinde, die Angst vor dem ihr unbegreiflichen Kult der Minorität, der kleinen jüdischen Gemeinde, hat. Die Richter in diesem Prozeß waren überzeugt, daß die Trienter Juden Simon getötet hätten, um mit ihm einen Gegenkult gegen den christlichen zu betreiben. Vieles, was in den Materialaktionen vorkommt, findet sich als Element bereits in den Aussagen, die die Richter von den Juden erpreßten. Dabei kann es nicht genügen, lediglich festzustellen, daß diese Aussagen wertlos sind, weil sie ausschließlich durch die Anwendung von Foltern zustande gekommen sind. Damit ist nämlich noch nichts über die Qualität der Aussage als solcher gesagt. Wie kommt es zu einer derartigen Blutbeschuldigung? Was wird in die Juden hineingeheimnist? Das sind die geheimen Wünsche der Christen selbst, die sich in der Anklage des Gegenkultes artikulieren. Gleiches gilt übrigens für die Beschuldigung der Hostienschändung. Als Beispiel sei ein Bildzyklus erwähnt, der über die Hostienbeschuldigung unterrichtet, die in Passau 1477 vorgebracht wurde. Dort wurden die Juden beschul-

digt, einen Christen bestochen zu haben, acht Hostien zu stehlen und an sie zu verkaufen. Darauf sollten sie die Hostien in ihre Synagoge gebracht und mit einem Messer durchstochen haben. Ein Teil der geschändeten Hostien soll an andere jüdische Gemeinden versandt worden sein, während die restlichen Hostien angeblich verbrannt werden sollten. Der Legende zufolge verbrannten die Hostien allerdings nicht. Die gleiche Legende weiß von der Erscheinung des Christuskindes, begleitet von Engeln, zu berichten. Dieses Motiv findet sich vielfach in derartigen Legenden. Die angebliche Erscheinung des Christuskindes weist uns darauf, daß die Beschuldigung der Hostienschändung und die des Ritualmordes auf die gleiche Motivation zurückweist. Nur nebenher sei noch einmal ausdrücklich erwähnt, daß in keinem Fall der Beweis für einen derartigen Frevel wirklich erbracht werden konnte. Auch die bereits erwähnten Prozeßakten von Trient enthalten innerliche Widersprüche. Es handelt sich stets um Projektionen verdrängter Vorstellungen von Christen in die Juden.

Wenn aber Verdrängungen erotischer und sadistischer Vorstellungen, die man sich nicht einzugestehen wagte, zu so furchtbaren Anklagen und Beschuldigungen von Menschen führten, die als gegnerische Gruppe fixiert sind, dann ist es notwendig, daß wir nicht einfach in einer Abwehrreaktion uns den Materialaktionen von Otto Muehl und Hermann Nitsch entziehen. Unleugbar handelt es sich um Perversionen. Unleugbar ist auch, daß sie nur möglich sind als Gegenkult, daß sie in sich zusammenfallen und bedeutungslos werden, wenn sie nicht gegen die christliche Welt sich auflehnten, daß sie also keinen Eigenwert besitzen. Auch über sie könnte das mittelalterliche Wort gesetzt sein: »Der Teufel ist der Affe Gottes.« Aber sie sind in all ihrer Fragwürdigkeit und Befremdlichkeit doch bemerkenswert als Reaktionen auf die Weltflüchtigkeit, die zwar dem christlichen Glauben keineswegs wesensnotwendig ist, die sich aber doch in manchen geschichtlichen Phasen in ihm als beherrschender Faktor findet.

Die Symbolsprache der Liturgie, die Himmel und Erde verbindet, ist vielen Menschen heute unverständlich, wirkt zu abstrakt. Der Ausweg kann nicht in einer Aufgabe der Symbolsprache bestehen. Eine noch weitergehende Rationalisierung der Liturgie würde nicht nur eine gefährliche Verarmung bedeuten, sondern echte Bedürfnisse der menschlichen Seele unbefriedigt lassen. Darum sind Versuche der Konkretisierung des Symbolverständnisses zu begrüßen. Das fängt schon an mit dem Ersetzen der zu einer hauchdünnen, blassen Oblate gewordenen Hostie der Eucharistiefeier durch eine andere Form, die wirklich den Eindruck von Brot vermittelt, dem Grundnahrungsmittel. Damit gelangt die christliche Liturgie wieder in die Nähe der Bildhaftigkeit des jüdischen Pessach. Eine Versinnlichung des Kultes, wie sie dadurch und durch andere Versuche angestrebt wird, überwindet auf weit bessere Weise die Perversion der Materialaktionen als das je ein bloßer verbaler Protest vermöchte.

Zusammenfassend läßt sich zum Phänomen des Satanskultes und der entsprechend gekennzeichneten Kunst folgendes sagen: Es handelt sich um eine Manifestation jenes Bereiches, der seit Beginn des Christentums mehr oder weniger abgespalten, abgelehnt und verfemt worden ist. Satanistische Formen im Kult und in der Kunst haben einen Doppelaspekt: Einerseits stellen sie eine kollektive Protestäußerung dar, und damit tragen sie extrem antithetische und einseitig überspitzende Züge – bis ins Destruktive. Andererseits besitzt der Satanismus eine kompensierende Funktion gegenüber der kirchlich-christlichen Tradition. Dies gilt in besonderem Maße, seitdem sich die historischen Bedingungen, unter denen sich das Christentum gebildet hat, gewandelt haben. Der Satanskult und die satanistische Kunst sind also durchaus ambivalent: Sie sind zerstörerisch und schöpferisch zugleich. Sie tendieren – durch radikale Bekämpfung des Bestehenden – zur Verwirklichung einer negativen Einseitigkeit, gleichzeitig aber – durch Vergegenwärtigung des Diskriminierten – zur Wiederherstellung der Ganzheit. Vor dem Problem, das uns diese Situation aufgibt, können wir in dieser Zeit, in der revolutionäre Kräfte die traditionell-christliche Kultur erschüttern, nicht länger die Augen verschließen. Es stellt sich die Frage nach der Überwindung jenes dualistischen Erbes, das sich immer stärker als überlebt enthüllt.

Empirische Untersuchungen zum Phänomen des Bösen

Im politischen Geschehen wird der Gegner immer wieder zum Vertreter des Bösen erklärt. Ein Beispiel für unzählige: ». . . die Gesichter dieser Untermenschen sind von Raubgier und Mordlust gezeichnet. In der Tat würdige Verbündete Churchills und seiner Plutokratenclique«, hieß es in einem Kommentar zu Bildern aus einem Gefangenenlager für Russen in einer Ausgabe der »Deutschen Wochenschau« während des zweiten Weltkrieges.

Das Phänomen der Verteufelung des Gegners prägt auch den Kampf zwischen gesellschaftlichen Majoritäten und Minoritäten. Erscheinungen bei den Studentenunruhen, vor allem aber die Rassenkämpfe manifestieren heute am erregendsten diesen Mechanismus. Hart stoßen dabei die autostereotypen und die heterostereotypen Bilder der sich befeindenden Gruppen aufeinander. Letztere sind vielfach – was etwa besonders deutlich in der Auseinandersetzung von Weißen und Schwarzen in den USA erkennbar ist – eine Abwehr von Faszination und Neid, meist beruhend auf der Projektion eigener, oft uneingestandener Wunschvorstellungen (Beispiel: die Phantasie des Weißen von der Super-Potenz des Negers).

Der zuletzt skizzierte Vorgang spielt auch eine wesentliche Rolle bei der Diabolisierung des Triebverbrechers. Die Sündenbock-Psychologie, welche hier betrieben wird, verschafft eine ergiebige Gelegenheit, verdrängte Triebwünsche zu externalisieren und – unter dem Deckmantel der Wohlanständigkeit – sadistische Tendenzen haßvoll auszuagieren. Dieser Prozeß blockiert die Konfrontation mit der Frage, die der Triebverbrecher an die Gesellschaft stellt, aus der er hervorgegangen ist.

Moderne sozialpsychologische Experimente haben die Bedingungen zu erforschen versucht, unter denen das Böse qua destruktiver Aggressivität zustandekommt und auf Voraussetzungen seiner Reduzierbarkeit hingewiesen. Zwei dieser Experimente werden im folgenden vorgestellt.

Helmut E. Lück
Die Ferienlagerexperimente von Muzafer Sherif

I. Darstellung der Experimente

Die Beziehungen zwischen Gruppen sind in den letzten Jahrzehnten leider nur sehr selten von Sozialpsychologen untersucht worden. Einmal liegt dies sicher am Forschungsaufwand, zum anderen wohl auch an der Komplexität der Phänomene.

Die Jugendlageruntersuchungen von Muzafer Sherif der Jahre 1949, 1953 und 1954 gelten als die ersten und bis heute wohl noch einzigen Vorstöße zur Untersuchung der Inter-Gruppenbeziehungen unter natürlichen, aber gut kontrollierten Bedingungen. Die folgenden Beschreibungen nehmen auf Sherifs zahlreiche amerikanische Publikationen Bezug. Sein erstes Experiment soll dabei im Mittelpunkt stehen. Sherif ging von folgenden Haupthypothesen aus:

1. Wenn Personen, die sich bislang nicht kennen, in eine Gruppensituation mit gemeinsamen Zielen zusammengeführt werden, entwickeln sie hierarchische Gruppenstrukturen, Rollen und Normen.
2. Zwei auf diese Weise gebildete Gruppen werden positive oder negative Einstellungen sowie freundschaftliche oder feindselige Verhaltensweisen gegenüber der anderen Gruppe entwickeln, je nachdem, ob die Gruppenziele zueinander in Einklang stehen oder sich gegenseitig ausschließen.

Um Gleichartigkeit der Versuchspersonen zu gewährleisten, wurden Jungen im Alter von ca. 12 Jahren ausgesucht, die eine Vielzahl von Auswahlkriterien erfüllten. Man interviewte Lehrer, Eltern und andere Erwachsene aus der Umgebung der Kinder und zog Schulzeugnisse und medizinsche Untersuchungsbefunde heran. Jeder Junge wurde im natürlichen Umgang mit Gleichaltrigen und in der Schule beobachtet. Außerdem führte man verschiedene psychologische Tests durch. Alle Kinder stammten aus weißen protestantischen Familien in gesicherten Verhältnissen. Intelligenzmäßig lagen die Kinder, die sich vor dem Experiment nicht näher kannten, etwas über dem Altersdurchschnitt. In ihrer Entwicklung und Persönlichkeitsstruktur waren alle Kinder »normal«.

Die Experimente selbst fanden in einer abgeschiedenen, hügeligen Gegend mit Wäldern und Flüssen statt. Es gab Wohn- und Schlafräume, eine Küche, einen Speisesaal und eine Vielzahl von Sportmöglichkeiten.
Den Kindern ließ man sehr viele Freiheiten. Zwei ältere Studenten betreuten und beobachteten die Kinder. Sherif selbst spielte als Mr. Mussee die Rolle eines etwas trotteligen Lagerleiters, tauchte ab und zu auf, um in unverfänglicher Form relevante Daten zu erheben.
Insgesamt bediente man sich einer Kombination von Methoden zur Datenerfassung: Tonband- und Filmaufnahmen mit versteckten Mikrophonen und Kameras, Protokollierung von Spielen, systematische teilnehmende Beobachtung, Fragen nach der Beliebtheit von Spielkameraden (Soziogramme) usw. Die Kinder erfuhren von diesen Dingen nur wenig: Ihnen und ihren Eltern hatte man lediglich gesagt, man wolle neue Lagermethoden ausprobieren.
In der ersten Versuchsphase, die insgesamt drei Tage dauerte, gab man den Kindern bei Sport und Spiel Gelegenheit, sich näher kennenzulernen und kameradschaftliche Bindungen einzugehen. Am Ende dieser Phase wurde jeder Junge formlos gefragt, wer sein bester Freund sei (soziometrische Wahlen). Dann wurden die Jungen für die zweite Versuchsphase so auf zwei verschiedene Schlafräume verteilt, daß sich ungefähr zwei Drittel ihrer besten Freunde im *anderen* Schlafraum befanden. Um den Trennungsschmerz schnell zu überwinden, unternahmen die Helfer getrennt mit den beiden Gruppen eine Nachtwanderung mit Übernachtung unter freiem Himmel – ein Abenteuer, das sich alle Kinder gewünscht hatten. Die getrennt untergebrachten Gruppen entwickelten in den folgenden Tagen sehr schnell ihre eigenen Gewohnheiten und Normen, es gab bestimmte Aufgaben- und Rollenverteilungen, gruppenspezifische Ausdrücke, Spitznamen, Redewendungen, Lieder und Bräuche. In allen Experimenten legten sich die Gruppen selbst Namen zu. So gab es im 1949er Lager die »Bull Dogs« und »Red Devils« (Bulldoggen und Rote Teufel), im 1954er Lager waren es die »Rattles« und »Eagles« (Klapperschlangen und Adler). Die Kindergruppen hatten ihre eigenen Bade- und Angelstellen, die sie teils geheim hielten, sie malten sich ihre Gruppensymbole auf ihre Hemden und selbst die unbeliebten »Schluß-

lichter« der Gruppen bezeichneten ihre Unterbringungen als ihr »Zuhause«. Kurz: Es entwickeln sich In-Group-Gefühle, Loyalität und Solidarität in den Gruppen. Am Ende dieser fünftägigen, zweiten Versuchsphase ermittelte man erneut die Freundschaftsbeziehungen mit soziometrischen Fragen. 95% der Red Devils nannten jetzt Mitglieder der eigenen Gruppe als Freunde, bei den Bull Dogs waren es 88%. Gegenüber der ersten Phase hatten sich die Freundschaftsbeziehungen also fast völlig geändert. Bemerkenswert ist das Bedürfnis der Gruppen in der zweiten Phase, sich mit der anderen Gruppe zu vergleichen und in Wettstreit zu treten. »Dieser ziemlich starke Wunsch nach Wettbewerb und die spontane Abwertung der anderen Gruppe in bestimmter Hinsicht erklärt sich wahrscheinlich durch den kulturellen Hintergrund und die besondere Sozialisierung dieser Jungen in einer Wettbewerbsgesellschaft« (Sherif).

Ausgesprochene Spannung und Feindseligkeit zwischen den beiden Gruppen gab es jedoch erst im dritten Versuchsabschnitt, als die Gruppen in Wettbewerbssituationen zusammengeführt wurden. Zunächst wurden, vorgeblich, um dem Wunsch der Kinder zu entsprechen, Spiele und Wettbewerbe wie z. B. Tauziehen veranstaltet, bei denen die Gruppen Punkte gewinnen konnten. Die Gruppe mit der höchsten Punktzahl sollte schließlich zwölf Taschenmesser bekommen – für jedes Mitglied eins. Die Taschenmesser wurden ausgestellt und von den Kindern bewundert und begehrt. Beschimpfungen und Beschuldigungen gehörten nun zur Tagesordnung. Hatte man die Wettkämpfe noch mit fairer sportlicher Haltung begonnen, so dauerte es nicht lange, bis sich die Gruppen gegenseitig als Lügner, Schmutzfinken und Mogelanten beschimpften. Beim Mittagessen kam es in der Warteschlange zu Drängeleien und Raufereien. Die Kinder bewarfen sich mit Speiseresten, und ein Helfer mußte schließlich eingreifen, als ein Junge sein Messer zückte. Es kam zu nächtlichen Überfällen, die selbstgefertigte Flagge der gegnerischen Partei wurde geraubt und verbrannt. Ein Junge, der als Friedensmission bei der gegnerischen Partei auftauchte, mußte in einem Hagel von grünen Äpfeln flüchten. Sherif und seine Mitarbeiter hatten sich ursprünglich Wettbewerbe und für einzelne Gruppen frustrierende Situationen ausgedacht, durch die der Gruppenkonflikt erzeugt werden sollte. Nur ein Teil dieser Pläne konnte realisiert werden. Der Gruppenkonflikt nahm nämlich so schnell beängstigende Ausmaße an, daß man schon nach fünf Tagen das Experiment abbrechen und nach Wegen suchen mußte, um die Gruppen wieder zu integrieren. Im ersten Lager (1949) erwies sich ein gemeinsames Softball-Spiel gegen eine Jungengruppe aus der Nachbarschaft als besonders wirksam. In den späteren Jugendlagern wurde eine vierte Versuchsphase zur Spannungsreduktion sorgfältig geplant. Als Möglichkeiten für diese Phase erwog man sachliche Informationen über die Gegner, Verhandlungen zwischen den Führern und Einzelwettkämpfe. Realisiert wurde schließlich eine vierte Hypothese: »Wenn die im Konflikt befindlichen Gruppen unter Bedingungen miteinander in Kontakt kommen, die für die beteiligten Gruppen zwingende Ziele beinhalten, welche nicht von einer Gruppe mit ihren Kräften und Fähigkeiten allein erreicht werden können, dann werden die Gruppen im allgemeinen kooperieren, um dieses Ziel zu erreichen« (Sherif). Eine natürliche und zwingende Situation dieser Art war der manipulierte Zusammenbruch der Wasserversorgung. Alle Jungen wurden zusammengerufen und über die Krise informiert. Die Gruppen suchten dann von sich aus getrennt nach der Ursache und behoben den Schaden gemeinsam. Doch bald war der alte Streit wieder da. Als nächstes bot man den Kindern an, für eine Filmvorführung einen spannenden Film auszuleihen. Beide Gruppen sammelten Geld (da die Lagerleitung angeblich nicht genug Geld hatte), stimmten ab, welchen Film sie sehen wollten und nahmen einträchtig an der Vorführung teil.

Bei einem gemeinsamen Ausflug der zwei Gruppen sprang schließlich der Lastwagen nicht an. Die Gruppen holten ein Seil – dasselbe Seil, das sie beim erbitterten Tauziehen benutzt hatten – und zogen den Wagen, bis er startete.

Nach und nach reduzierte diese Reihe von Ereignissen und gemeinsamen Notsituationen den Konflikt zwischen den Gruppen. Die Beschimpfungen wurden seltener, und es entwickelten sich neue Freundschaften über die Gruppengrenzen hinweg. Bei bunten Abenden wechselten sich die Gruppen in ihren Darbietungen ab. Die Heimreise traten die Gruppen auf gemeinsamen Beschluß nicht in getrennten Bussen, sondern in einem Bus an. Eine Gruppe hatte noch einen Gewinn von fünf Dollar übrig. Bei einer Rast auf der Heimreise wurden dafür Erfrischungsgetränke gekauft, die man mit den Kindern der anderen Gruppe freundschaftlich teilte.

II. Anmerkungen zu den Experimenten

Durch die sozialpsychologische Forschung der letzten Jahre und Jahrzehnte wird immer deutlicher erkennbar, daß Aggressivität eine Verhaltensweise ist, die man lernt, d. h., die in bestimmten Gruppen und Kulturen durch bestimmte Erziehungspraktiken gefördert wird, die in anderen Gruppen und Kulturen aber weitgehend, z. T. sogar völlig, fehlt. Daß es sich hier im wesentlichen um eine kultur- und gruppenspezifische Erscheinung handelt, zeigt sich auch daran, daß sich Aggressionen fast nie gegen die Mitglieder der eigenen Gruppe richten, sondern fast immer nur nach außen, d. h. gegen die Angehörigen bestimmter Fremdgruppen.

Man erinnere sich, wie aggressives Verhalten in Sherifs genialen Experimenten fast aus dem Nichts entstand. Die Kinder waren gesund, überdurchschnittlich intelligent und kamen aus den gesicherten Verhältnissen der weißen amerikanischen Mittelschicht. Keine pathologische Erscheinung also, die Feindschaft zwischen den Gruppen verursachte, und auch kein Ergebnis eines so oft behaupteten »natürlichen Triebes«.

Wichtig scheint ferner zu sein, daß Feindschaft nicht quasiautomatisch durch Aufteilung der Kinder in zwei Gruppen entstand. Nennenswerte Aggressionen tauchten erst auf, nachdem eine Gruppe bestimmte Ziele *auf Kosten der anderen Gruppe* erreichte. Die Belohnung der Siegergruppe beim Tauziehen ist hierfür ein Beispiel. Die Verlierer haben ihr Ziel nicht erreicht, sie sind frustriert und reagieren gegenüber der Frustrationsquelle, d. h. gegenüber der Fremdgruppe aggressiv.

Noch ein weiterer Befund Sherifs scheint beachtenswert: Gruppensolidarität und Wir-Gefühl waren am stärksten, als die Feindschaft nach außen am größten war. Eine harmonische Gruppe mit demokratischen internen Gruppenbeziehungen muß sich nach außen keineswegs demokratisch gebärden. Dies hatte bereits Kurt Lewin in seinen Experimenten über demokratisch und autoritär geführte Gruppen beob-

achtet. In diesem Zusammenhang erwähnt Sherif eine geschichtliche Tatsache, die zu denken gibt: Großbritannien, ein Land mit langer demokratischer Tradition, hat zwischen 1850 und 1941 insgesamt zwanzig Kriege geführt – mehr Kriege als Japan (9), Deutschland (8) oder die Vereinigten Staaten (7).
Sicher sollte man vorsichtig bei der Verallgemeinerung der Sherifschen Ergebnisse sein. Vielleicht nicht so sehr, weil es sich um Kinder handelte, sondern wohl mehr, weil mit relativ kleinen und homogenen Gruppen experimentiert wurde, die nicht ohne weiteres mit größeren Sozialgebilden vergleichbar sind. Aber auch durch andere Untersuchungen wissen wir heute, daß man Harmonie zwischen rivalisierenden Gruppen seltener durch Aufklärung, Propaganda und soziale Kontakte erreicht. Erfolgsversprechender als viele Kulturprogramme und »internationale Begegnungen« ist Sherifs Weg: Es müssen übergeordnete Ziele geschaffen werden, die von beiden Gruppen als erstrebenswert und dringend angesehen werden und die nur von beiden Gruppen in *gemeinsamer* Anstrengung erreicht werden können.

Stanley Milgram
Einige Bedingungen des »Autoritätsgehorsams« und seiner Verweigerung

Die Lage, in der ein Handlungsinitiator einem andern befiehlt, einen Dritten zu verletzen, tritt wieder und wieder als bedeutsames Thema in zwischenmenschlichen Beziehungen auf. Es wird eindringlich in der Geschichte Abrahams ausgedrückt, dem Gott befiehlt, den eigenen Sohn zu töten. Nicht zufällig hat Kierkegaard, als er sein Denken auf die zentralen Themen menschlicher Erfahrung richtete, Abrahams Konflikt zum Ausgang seiner Philosophie gewählt.
Auch der Krieg wird vorangetrieben aufgrund der Dreiheit einer Autorität, die einer zweiten Person die Vernichtung eines Feindes befiehlt; und vielleicht kann alle organisierte Feindseligkeit als Thema mit Variationen über die drei Elementareinheiten von Autorität, Ausführendem und Opfer angesehen werden.

Wir berichten hier über ein ... an der Yale-Universität abgeschlossenes Versuchsprogramm, in dem eine besondere Ausdrucksform dieses Konfliktes mit experimentellen Mitteln untersucht wurde.
In seiner allgemeinsten Form kann das Problem so definiert werden: Wenn X Y aufträgt, Z zu verletzen, unter welchen Bedingungen wird dann Y den Befehl von X ausführen, und unter welchen Bedingungen wird er sich weigern? In seiner begrenzteren Form, wie es der Erforschung im Laboratorium zugänglich werden kann, wird das Problem zu der Frage: Wenn ein Versuchsleiter einer Versuchsperson aufträgt, eine andere Person zu verletzen, unter welchen Bedingungen wird dann die Versuchsperson dieser Anweisung Folge leisten, und unter welchen Bedingungen wird sie den Gehorsam verweigern? ...

Die Zusammensetzung der Versuchsgruppen
Die bei allen Versuchen verwendeten Versuchspersonen waren männliche Erwachsene, wohnhaft in den Gebieten von Groß New Haven und Bridgeport, im Alter von 20 bis 50 Jahren und aus einer Vielzahl von Berufen. Zu jeder der in diesem Bericht beschriebenen experimentellen Anordnung wurden 40 neue Versuchspersonen verwendet, nach Alter und Berufstypus sorgfältig ausgeglichen. Die Berufszusammensetzung für jedes Experiment bestand aus: 40% Arbeitern, gelernt und ungelernt; 40% Angestellten, Handel und Gewerbe, 20% Fachberufen. Die Berufsgliederung war durchschnitten von drei Alterskategorien (aus Versuchspersonen in den Zwanzigern, Dreißigern und Vierzigern, jeder Versuchsbedingung in den entsprechenden Verhältnissen 20%, 40% und 40% zugeteilt).

Das allgemeine Versuchsverfahren
Der Angelpunkt der Untersuchung ist die Größe eines elektrischen Schocks, den eine Versuchsperson einer anderen Person willentlich beibringt, wenn ihr vom Versuchsleiter befohlen worden ist, das »Opfer« zunehmend strenger zu bestrafen. Die Erteilung des Schocks ist in den Rahmen eines Lernversuchs gebracht, der angeblich zum Studium der Wirkung der Strafe auf die Erinnerungsleistung angestellt wurde. Außer dem Versuchsleiter nehmen eine *naive* Versuchs-

person und eine mit dem Versuchsleiter im Bunde stehende Person an jeder Sitzung teil ...
Der naiven Versuchsperson wird gesagt, es sei ihre Aufgabe, dem Lernenden eine Liste von Assoziationspaaren zu lehren, ihn nach dieser Liste zu prüfen und jedesmal Strafe anzuwenden, wenn der Lernende in der Prüfung einen Fehler macht. Bestrafung erfolgt als Elektroschock, den die naive Versuchsperson mittels eines Schockgenerators an den Lernenden verabreicht. Der Lehrer ist instruiert, die Stärke des Elektroschocks bei jedem Fehler um eine Stufe auf dem Generator zu erhöhen. Entsprechend der Versuchsanlage liefert der Lernende viele falsche Antworten, so daß die naive Versuchsperson binnen kurzem ihm den stärksten Schock des Generators geben muß. Schockerhöhungen gehen Hand in Hand mit zunehmend nachdrücklichen Forderungen von seiten des Lernenden, der Versuch sei abzubrechen, weil damit für ihn wachsendes Unbehagen verbunden sei. Der Versuchsleiter jedoch befiehlt dem Lehrer klar und deutlich, die Proteste des Lernenden nicht zu beachten und das Verfahren fortzusetzen. *So muß die naive Versuchsperson einen Konflikt zwischen zwei gegenseitig unverträglichen Forderungen lösen, die aus dem sozialen Feld kommen. Sie kann fortfahren, den Befehlen des Versuchsleiters zu folgen und den Lernenden mit zunehmender Strenge zu schocken, oder sie kann sich weigern, den Befehlen des Versuchsleiters Folge zu leisten, und dafür auf die dringenden Bitten des Lernenden Rücksicht nehmen. Die Autorität des Versuchsleiters wirkt nicht in einem freien Feld, sondern gegen beständig steigenden und ihr entgegenarbeitenden Druck von seiten der bestraften Person ...*
Der Kernpunkt der Untersuchung liegt in der systematischen Variation der Faktoren, von denen angenommen wird, daß sie den Grad des Gehorsams auf die Befehle im Versuch ändern, um zu erfahren, unter welchen Bedingungen die Unterwerfung unter die Autorität am wahrscheinlichsten ist und unter welchen Bedingungen eher Widerstand ausgelöst wird.
... Für die Schockausteilung wird ein simulierter Schockerzeuger benutzt, mit 30 klar markierten Volthöhen, die von 15 bis 450 Volt reichen (und mit entsprechenden 30 einzelnen, in einer horizontalen Reihe angeordneten Kippschaltern

betätigt werden). Die naive Versuchsperson erhält einen Probeschock von 45 Volt, um sich von der Echtheit des Instruments zu überzeugen. Der Generator ist markiert mit verbalen Bezeichnungen, die von »geringer Schock« bis zu »Gefahr: Schwerer Schock« reichen.

Die Antworten oder Reaktionen des Opfers sind auf Tonband standardisiert, und jeder Protest ist einer bestimmten Volthöhe zugeordnet. Bei 75 Volt beginnt der Lernende zu murren und zu stöhnen. Bei 150 Volt verlangt er, aus dem Versuch entlassen zu werden. Bei 180 Volt ruft er aus, daß er nicht länger den Schmerz ertragen könne. Bei 300 Volt weigert er sich, noch irgendeine Antwort zum Gedächtnistest zu geben und besteht darauf, daß er nicht länger Versuchsteilnehmer sei und befreit werden müsse. In Reaktion auf diese letzte Taktik des Opfers instruiert der Versuchsleiter die naive Versuchsperson, das Ausbleiben einer Antwort als Fehler zu behandeln und das übliche Schockverfahren fortzusetzen. Der Versuchsleiter gibt seiner Forderung Nachdruck mit den Worten: »Sie haben keine andere Wahl, Sie müssen weitermachen!« (Dieser Imperativ wird jedesmal dann gebraucht, wenn die naive Versuchsperson versucht, das Experiment abzubrechen.) Wenn die Versuchsperson sich dennoch weigert, zum nächsthöheren Schock überzugehen, wird der Versuch als beendet angesehen . . .

Ergebnisse

I. Distanz zum Opfer

. . . Die Ergebnisse offenbarten, daß der Gehorsam signifikant sank in dem Maße, als das Opfer in unmittelbare Beziehung zur Versuchsperson gebracht wurde.

Die Ergebnisse lassen sich als Verhältnis von gehorsamen zu sich weigernden Versuchspersonen so ausdrücken, daß 34% der Versuchspersonen dem Versuchsleiter unter der Bedingung der schwachen Rückmeldung trotzten, 37,5% bei der stimmlichen Rückmeldung, 60% bei Nähe und 70% bei Berührungsnähe . . .

II. Die Nähe der Autorität

. . . Der Gehorsam sank drastisch mit der physischen Entfernung des Versuchsleiters vom Versuchsraum. Die Zahl der gefügigen Versuchspersonen war unter der ersten Bedingung (Gegenwart des Versuchsleiters) fast dreimal so groß wie unter der zweiten, wenn der Versuchsleiter seine Anordnungen über das Telefon gab ...

Die Versuche in dieser Reihe zeigen, daß die physische *Gegenwart* einer Autorität als Beitrag zum Gehorsam oder zum Widerstand der Versuchsperson eine bedeutende Kraft ist. Wenn diese Versuche mit der ersten Versuchsreihe über die Nähe des *Opfers* zusammen betrachtet werden, gewinnt man den Eindruck, daß etwas wie Kraftfelder, deren Wirksamkeit sich mit zunehmender psychologischer Entfernung von ihrer Quelle abschwächt, eine kontrollierende Wirkung auf das Verhalten der Versuchsperson hat. Mit der Annäherung des Opfers wird es für die Versuchsperson schwieriger, ihm Schocks zu verabreichen; und es wird der Versuchsperson erleichtert, das Experiment abzubrechen, wenn die Position des Opfers mit Bezug auf die Versuchsperson konstant gehalten und die Autorität in größere Ferne gerückt wird. Diese Wirkung ist echt und beträchtlich in beiden Fällen, aber die Manipulation der Position des Versuchsleiters erbringt die eindrucksvolleren Ergebnisse. Gehorsam gegenüber destruktiven Befehlen ist in hohem Maße abhängig von den Nähebeziehungen zwischen Autorität und Versuchsperson.

III. Spannungen

Bei einem wesentlichen Teil der Teilnehmer traten heftige Reaktionen der Spannung und emotionalen Belastung auf. Wir beobachteten, daß die Personen schwitzten, zitterten, stotterten, auf die Lippen bissen und stöhnten, als sie sich in zunehmendem Maße in dem experimentellen Konflikt verwickelt fanden ...

IV. Hintergrundsautorität

... Eine Situation übt einen bedeutenden Druck auf das Individuum aus. Sie zwingt, und sie kann vorwärtstreiben. Unter gewissen Umständen bestimmt die Handlungen eines Mannes nicht so sehr die Natur seiner Persönlichkeit, als vielmehr die Art der Situation, in die er gestellt ist ...

Die Person bringt dauerhafte Dispositionen gegenüber Autorität und Aggression mit sich ins Laboratorium, und zur gleichen Zeit wird sie in eine soziale Struktur hineingezogen, die nicht weniger eine objektive Gegebenheit ist. Vom Standpunkt der Persönlichkeitstheorie aus mag man fragen: Wel-

che Mechanismen der Persönlichkeit machen es einer Person möglich, die Verantwortlichkeit auf die Autorität zu übertragen? Was sind die Motive, die hinter gehorsamem und ungehorsamem Verhalten stehen? Führt die Orientierung auf die Autorität zu einem Kurzschluß im Scham- und Schuldsystem? Welche kognitiven und emotionalen Verteidigungsmechanismen werden im Falle gehorsamer und im Falle widerstehender Versuchspersonen ins Spiel gebracht?
Die vorliegenden Experimente sind indessen nicht auf eine Erklärung der Motive gerichtet, die die Versuchsperson den Befehlen des Versuchsleiters gehorchen lassen. Statt dessen untersuchen sie die Situationsvariablen, die für die Auslösung des Gehorsams erforderlich sind . . .

Nachwort

. . . Mit ermüdender Regelmäßigkeit sah man nette Menschen sich den Forderungen der Autorität unterwerfen und Handlungen ausführen, die gefühllos und hart waren. Menschen, die im Alltagsleben verantwortungsbewußt und anständig sind, wurden durch den Anschein der Autorität und durch die kritiklose Übernahme der vom Experimentator gesetzten Bestimmungen der Situation zu grausamen Taten verführt . . .
Die Ergebnisse – so wie sie im Laboratorium gesehen und empfunden wurden – beunruhigen den Verfasser. Sie lassen die Möglichkeit aufscheinen, daß von der menschlichen Natur oder – spezifischer – von dem in der amerikanischen Gesellschaft hervorgebrachten Charaktertyp nicht erwartet werden kann, daß er ihren Bürgern vor brutaler und unmenschlicher Behandlung auf Anweisung einer böswilligen Autorität Schutz böte. Die Leute tun zu einem wesentlichen Teil, was ihnen gesagt wird, ungeachtet des Inhalts der Handlung und ohne Gewissensbeschränkungen, solange wie sie den Befehl als von einer legitimierten Autorität kommen sehen. Wenn in dieser Studie ein anonymer Experimentator erfolgreich Erwachsenen befehlen konnte, einen fünfzigjährigen Mann ins Joch und ihm schmerzhafte Elektroschocks gegen seine Proteste aufzuzwingen, kann man sich nicht mehr wundern, was eine Regierung – mit weit größerer Autorität und Prestige – ihren Untertanen befehlen kann. Natürlich ist die Frage äußerst wichtig, ob eine böswillige poli-

tische Institution in der amerikanischen Gesellschaft überhaupt entstehen könnte oder würde. Die vorliegende Forschung trägt nichts zur Beantwortung dieser Frage bei...

Volker Schmid
Über die Versuche von Stanley Milgram

Die Untersuchungen von S. Milgram lösten ein breites Unbehagen und Entsetzen aus, bei der informierten Öffentlichkeit wie auch beim Experimentator und den Teilnehmern an den Versuchen. In den Berichten über die Experimente (wie dem oben wiedergegebenen) lassen sich die Niederschläge des Erschreckens immer wieder feststellen. Beunruhigt und aufgeschreckt hat das Wahrwerden des für unmöglich gehaltenen und erfolgreich verleugneten: Wohlerzogene und geachtete Bürger einer damals noch wenig bezweifelten demokratischen und freien Nation waren zu quälerischer Grausamkeit an Mitmenschen fähig. Über derartige Greueltaten aus Gehorsam hatte sich die Nation überlegen gefühlt. Milgram selbst versteht seine Versuche als einen Beitrag zur Klärung des Bösen, das in der nationalsozialistischen Diktatur die massenhaften Grausamkeiten ermöglichte und das tendentiell als besonderes Merkmal faschistischer Gesellschaften gesehen wurde. Die Schwierigkeit, sich mit derartigen Greueln in der eigenen Gesellschaft auseinanderzusetzen, ist in unserem Land bis heute etwa in den Stellungnahmen zu den KZ-Prozessen abzulesen. In den USA spiegelt sie sich aktuell in dem Widerstreit um die Beurteilung der Verbrechen in Vietnam.
Was besagen die Ergebnisse Milgrams, und worin liegt ihre Relevanz für den angeschnittenen gesellschaftlichen Zusammenhang?
S. Milgram entwirft einen Versuch, der den Teilnehmern mit der vorgeblichen Zielsetzung vorgestellt wird, einen Beitrag zur Erforschung der Funktion von Bestrafung beim Lernen zu leisten. Der Versuchsleiter hält sie dann an, Fehler des lernenden Partners mit zunehmend stärkeren elektrischen Schlägen zu ahnden. Zwei Ergebnisse charakterisieren den Versuchsverlauf. Zum einen geraten die meisten Teilnehmer rasch in den Konflikt, die Versuchsanweisung zu befolgen

und gehorsam zu sein oder den moralischen Bedenken nachzugeben und das Opfer nicht weiter zu quälen. Das zweite und aufrüttelnde Resultat umfaßt die Lösung dieses Konflikts zugunsten des Gehorsams gegenüber der Autorität des Versuchsleiters. 65% der Teilnehmer gehen bis zu den stärksten Stromstößen, die jenseits der als Gefahrenpunkt gekennzeichneten Stromspannungen liegen. Die anderen 14 Teilnehmer entscheiden sich zwar früher gegen den Versuch, aber auch erst nachdem extrem starke Schläge erreicht sind.

In seiner Diskussion der Ergebnisse versucht Milgram eine Analyse der situativen Bedingungen, denen die Teilnehmer mit dem Versuch unterliegen. Was zuerst als relativ unverbindliches Mitmachen an einem Experiment imponieren mag, dem man sich leicht entziehen kann, enthüllt sich nach diesen Überlegungen als ein komplexes Gefüge von Beziehungen und Zwängen, denen sich entgegenzustellen große Schwierigkeiten bereitet. Die Situation ist dominant gekennzeichnet durch Unsicherheit in bezug auf die Macht des Versuchsleiters und das Gesamt des Handlungsablaufs im Versuch. Milgram greift dann eine Reihe von Faktoren auf, die beispielsweise als Betonung der Autorität des Versuchsleiters aktivierend auf jene Gewissensanteile wirken müssen, die man als Folge eines trieb- und spontaneitätsunterdrückenden Lerngehorsams bezeichnen kann. Sie rühren aus der engen Bindung des Kindes an seine Eltern und bleiben durch Heteronomie ihrer Forderungen bestimmt. Die Verletzung ihnen entstammender Imperative ruft starke Schuldgefühle hervor.

Anderen Faktoren der Situationsanalyse ist im wesentlichen schuldentlastende Funktion zuzuschreiben. So etwa dem Räsonieren über die Freiwilligkeit, mit der man selbst wie auch der zum Opfer gewordene Partner gekommen sind, oder die Betonung der sich aus dem chancengleichen Verteilen der Rollen ergebenden Prinzipien, oder das Vertrauen auf die guten und beschützenden Absichten der Wissenschaft – um nur einige herauszugreifen. Das Verhalten der Versuchspersonen zeigt nun deutlich, daß diese Entschuldigungen weniger zu einer freien Entscheidung führen, vielmehr einen fragwürdigen Versuch der Rechtfertigung für das Befolgen autoritär verstandener Ansprüche darstellen.

Diese Überlegungen ebenso wie die Situationsanalyse Milgrams sind – auf den Versuch bezogen – spekulativ; es liegen nur wenige entsprechenden Daten über die Versuchspersonen und ihr Erleben des Versuchs vor. Einer Deutung der Milgramschen Ergebnisse stellt sich also bereits eine erste Barriere entgegen.
Auf eine zweite stoßen wir bei der Frage nach dem Beitrag der Ergebnisse für ein Verständnis des Auftretens des Bösen im politisch-sozialen Alltag. Ideologische Zielvorstellungen wie die Bekämpfung des Kommunismus oder die Existenzsicherung und Reinerhaltung der Rasse, größere zeitliche Erstreckung der Beeinflussung, Einbindung des Individuums in zielkonkordante und in zieldiskordante soziale Gruppen sind wichtige Charakteristika der Realität. Sie können fördernd und hemmend auf die Entstehung grausamen Verhaltens wirken, was im Einzelfall durch eine Bedingungsanalyse des Handelns zu untersuchen wäre. Im Versuch jedoch mußte in künstlicher Abstraktion auf die Berücksichtigung derartiger Faktoren verzichtet werden, und wir können nur Mutmaßungen über die mögliche Richtung ihrer Wirkung anstellen.
Milgram möchte seinen Versuch, der mit einer Reihe systematischer Variationen erweitert wurde, als Beitrag zu einer Situationstheorie des Gehorsams verstanden wissen. Dieser einseitige theoretische Zugang schließt Antworten auf die wichtige Frage aus, weshalb im Versuch wie im Leben manche Menschen nicht nur Konflikte entwickeln, sondern aktiven Widerstand gegen Grausamkeit fordernde Autorität leisten, während andere gehorsam folgen. Die zentrale Aufgabe läge darin, die subjektiven Bedingungen zu erfahren unter denen Wirklichkeit so erlebt wird, daß sie für den einen so mächtigen Zwang enthält, daß er sich nur an die Forderungen der Autorität anpassen kann, für andere dagegen noch ausreichend Freiheit beinhaltet, die Ansprüche der gegenwärtigen und zukünftigen Situation, der Normintrojekte und triebgebundener Wünsche unverkürzt abzuwägen und autonom nach diesen Überlegungen zu handeln. Es ist lange und vielfältig nachgewiesen, daß menschliches Verhalten zwar stark von situativen Determinanten abhängig ist, jedoch weniger von deren »objektiver« Bedeutung als von der subjektiven Bedeutungsgebung, mit der sie das Individuum

wahrnimmt. Diese Interpretationen quasi objektiver Gegebenheiten wie auch spezifische Formen und Tönungen unseres Verhaltens sind wesentlich bestimmt durch vorausgegangene Erfahrungen, unter denen der Kindheit ein besonderes Gewicht zufällt.

Die individuellen Voraussetzungen für Widerstand in ihrer situativen *und* genetischen Dimension zu analysieren würde somit weiterhelfen, Konsequenzen aufzuzeigen für eine Erziehung zur Autonomie, zur Entwicklung und Realisierung einer integrierenden und kompromißfähigen kritischen Einsicht und zu sozial verantwortlichem Ungehorsam. Die Psychoanalyse hat hierzu bereits weitreichende Ansätze erarbeitet, die hier nicht mehr dargestellt werden können. Sie weiterzuentwickeln und direkten operationalisierbaren Hypothesen zuzuführen – ohne von der implizierten Komplexität abzusehen – bildet ein dringendes Anliegen.

Was läßt sich für die Politik als dem wichtigsten Feld, auf dem das Böse als aggressiver Kampf um Macht in Erscheinung tritt, aus den empirischen Befunden ableiten? Der Satz des Philosophen Kurt Riezler: »Politik ist die Kunst, das Böse zu tun und das Gute zu erreichen« wirkt antiquiert-ironisch, aber auch die – von dem protestantischen Theologen Reinhold Niebuhr beeinflußte – Auffassung von Hans J. Morgenthau, dem Hauptvertreter der Schule des sog. »politischen Realismus«, daß jeder Ausübung politischer Macht notwendigerweise und tragischerweise ein Element des Bösen anhafte, vermag nicht zu befriedigen, zumal Morgenthau mit einem verschwommenen Begriff von Moral operiert (siehe sein Buch: »Macht und Frieden«, deutsche Ausgabe 1963).

Das Böse in der Politik kann nicht isoliert, d. h. als eine konstante Größe angesehen werden. Es ist vielmehr immer nur im Zusammenhang mit bestimmten politisch-sozialen Bedingungen zu verstehen. Die Verteufelung des Gegners ist also nicht aus einer Kumulation ungezügelter Aggressionstendenzen des einzelnen zu begreifen, sondern dieser Mechanismus wird dann in Gang gesetzt, wenn Gruppen konkurrierende Ziele haben, wenn also jede Gruppe ihre Ziele nur auf Kosten der anderen erreichen kann.

Was kann getan werden, um die Verhältnisse in der Politik zu bessern? Im Atomzeitalter ist dies eine lebensnotwendige Frage. Um die Verteufelung des Gegners zu vermeiden, ist es unumgänglich, Eigenaggression von Fremdaggression zu trennen. Diese Trennung ist eine hohe Ich-Leistung.

Wenn man dies bedenkt, muß man zu einer ziemlich pessimistischen Sicht gelangen. Alexander Mitscherlich schreibt in dem Buch »Bis hierher und nicht weiter« (1969), das als Untertitel die Frage trägt: »Ist die menschliche Aggression unbefriedbar?« folgendes: »Wie wird es möglich sein, Aggression zu individuieren, so daß das Individuum sie nicht nur als eine Woge erlebt, die es von außen erfaßt, sondern zuweilen auch als eine Regung, die – vielleicht aus nichtigem Anlaß, vielleicht aus gar keinem – spontan in ihm entsteht? Wird dieser einfache Schritt von der Projektion in das nüchterne Geständnis, selbst aggressiv zu sein, besonders wenn die eigenen Interessen auf dem Spiele stehen, in Zukunft leichter zu tun sein? Im Augenblick spricht, was die Hauptkonfliktzonen und die entscheidenden Akteure betrifft, sehr wenig dafür. Die Dimension der Aufgabe ist unfaßlich, überwältigend.«

In den Ergebnissen der Forschungen der Sozialpsychologie liegt jedoch auch eine Hoffnung: Das Böse in der Politik kann um so mehr bewältigt werden, desto mehr es gelingt, gemeinsame, übergeordnete Ziele und Aufgaben zu finden, die von den Gruppen kooperativ angestrebt werden. In Anknüpfung an Konzepte der modernen Friedensforschung würde das heißen, daß der Weg supranationaler Zusammenschlüsse, der eine immer stärkere Koordinierung der Ziele mit sich bringt, beschritten werden müßte.

Carl Friedrich von Weizsäcker sagte in seiner Rede anläßlich der Verleihung des Friedenspreises des deutschen Buchhandels im Jahre 1963: »Der Weltfriede ist nicht das goldene Zeitalter, sondern sein Herannahen drückt sich in der allmählichen Verwandlung der bisherigen Außenpolitik in Welt-Innenpolitik aus. Unter dem Titel Welt-Innenpolitik verstehe ich hier zwei verschiedene, aber beide aus der Vereinheitlichung der Welt entspringende Phänomene . . .: die Entstehung übernationaler Institutionen und die Beurteilung weltpolitischer Probleme mit innenpolitischen Kategorien . . . Der Friede muß nicht nur durch friedfertige Absichten, son-

dern durch feste übernationale Institutionen gesichert werden.«

Innenpolitik ist jene Politik, welche die Verhältnisse einer Gruppe intern regelt. Finden in der Innenpolitik in des Wortes allgemeiner Bedeutung Diabolisierungsprozesse und entsprechende Auseinandersetzungen statt, so geschieht dies, weil Mitglieder der Nation andere Bürger so behandeln, als stünden sie außerhalb. Innenpolitik wird dabei quasi zur Außenpolitik. Nicht also wäre nur die Welt-Außenpolitik in Innenpolitik zu verwandeln, sondern es wären auch die außenpolitischen Tendenzen innerhalb von Nationen auf innenpolitische Nenner zu bringen und – erweiterten – innenpolitischen Strukturen anzupassen.

»Der Weltfriede ist nicht das goldene Zeitalter«, nicht also das Paradies, in dem – nach den Worten des Propheten – »das Lamm neben dem Wolf verweilt, der Leopard beim Böcklein lagert und der Säugling am Schlupfloch der Otter spielt«. In den Verhältnissen der menschlichen Gesellschaft wird es wahrscheinlich immer einen gewissen Bestand von konkurrierenden Zielen geben. Es gilt jedoch, das Böse in der Politik – unter Anwendung sozialpsychologischer Forschungsresultate – auf ein Minimum zu beschränken.

Theorien des Bösen

Während früher Theorien über die Existenz des Bösen der Theologie (im verengten Sinne: der sog. Apologetik) und der Philosophie im traditionell-spekulativen Sinne vorbehalten waren, reicht heute die Skala der diesbezüglichen theoretischen Überlegungen und Konzepte von biologischen über sozialökonomische und psychoanalytische bis zu – Überlieferung aufbrechenden – ontologischen Deutungsversuchen und entsprechenden Konzepten.
Die beiden ersten Beiträge des folgenden Abschnittes fußen auf biologischen Einsichten: der eine in Anknüpfung an die Verhaltensforschung, der andere im Sinne einer kybernetisch dargestellten Biologie.

Rudolf Schenkel
Zur Biologie der Aggression – auch unserer eigenen

Die heutige Diskussion der Aggression als »des sogenannten Bösen« geht auf Konrad Lorenz[1] zurück, und Lorenz seinerseits fußt auf den Einsichten Darwins.
Innerartliche Aggression (im folgenden sei sie kurz als Aggression bezeichnet) ist wie Verhalten allgemein Manifestation organischer Ausstattung. Die Auseinandersetzung der Tiere mit ihrer Welt spielt sich in erster Linie als Verhalten ab. Der Lebensstrom einer Population bzw. Art bleibt erhalten, wenn sich Individuen und Gruppen im Verhalten bewähren. Die Potenz zu aggressivem Verhalten hat sich wie jegliche Verhaltenspotenz unter Selektionsdruck zum heutigen Modus entwickelt und trägt durch Erfüllung von Funktionen zur Erhaltung des Lebensstroms bei, der sie hervorgebracht hat.
Nun hat Lorenz die Aggression, anders als irgendeine andere Verhaltenspotenz, als das »sogenannte Böse« bezeichnet. Offenbar hat er damit zwei gedanklichen Zusammenhängen Rechnung getragen:
1. Unbegrenzte Aggression wirkt nicht lebenserhaltend, sondern gefährdet das Überleben der Art.
2. Es kommt auch in den menschlichen Formen und Tradi-

tionen sittlicher Wertung zum Ausdruck, daß unbegrenzte Aggression verwerflich, böse ist.

Mitentscheidend für das positive Funktionieren der Aggression ist demnach ihre Bahnung und Begrenzung. Lorenz ist der Überzeugung, daß die Einsicht in die »Naturgeschichte der Aggression«, d. h. in ihr Wesen und dasjenige der sie begrenzenden Faktoren, für die Fortexistenz der Art Mensch von größter Wichtigkeit ist. Das folgt nicht unmittelbar aus Darwins Einsichten. Von seiner Konzeption ausgehend sollte man erwarten, daß Bereiche innerhalb unserer Art, die höhern Überlebenswert verwirklichen, sich durchsetzen, jene aber, die mit minderwertigen Potenzen ausgestattet sind, der Elimination verfallen. Sollte nicht durch Selektion der Lebensstrom unserer Art in zukunftsträchtige Bahnen kanalisiert werden?

Unsere heutige Situation läßt tatsächlich daran zweifeln, daß eine derartige natürliche Selektion im menschlichen Bereich Fortbestand und Weiterentwicklung des menschlichen Lebens zuverlässig sichert. Die technische Macht, über welche die heutige Menschheit verfügt, sprengt den natürlichen Rahmen. Es ist durchaus möglich, daß durch Einsatz technischer Machtmittel eine Katastrophe losbricht, die alles irdische Leben vernichtet. Schon jetzt sind die rasch fortschreitende Degradierung des Lebensraums, die Verarmung der Lebensfülle, die Vernichtung zahlreicher Tier- und Pflanzenarten und schwerwiegende Schädigung des Lebenspotentials der Erde Folgen unseres Umgehens mit technischer Macht. Die Frage ist nicht nur, ob in der menschlichen Existenz regulatorische Prozesse wirksam sind, sondern ob sie rasch genug und ausreichend wirken. Wird die Menschheit rechtzeitig auf die entstandene Situation so reagieren, daß schwerste, nachhaltige Schäden vermieden werden? Wird sich ihre Fähigkeit zur Selbstregulation als der ihr verfüglichen technischen Macht gewachsen erweisen?

Lorenz ist offenbar überzeugt, daß nur aus wissenschaftlich fundierter Einsicht Rettung zu erhoffen ist. Er und gewisse seiner Schüler glauben, diese Einsicht vergleichend biologisch erarbeitet und damit eben jenen wichtigen Schritt zur Rettung der Menschheit getan zu haben. Nun hat aber Lorenz' Naturgeschichte der Aggression heftigen Widerspruch von biologischer und anthropologischer Seite hervorgerufen.

Die Einwände gelten der zu unbekümmerten Übertragung von Ergebnissen, die an relativ einfach organisierten Wirbeltieren und Wirbellosen gewonnen worden sind, auf den Bereich der höchstorganisierten Säuger und des Menschen. Im Zentrum der Diskussion steht das von Lorenz vertretene »dynamische Instinktkonzept« der Aggression. Diesem zufolge ist *Aggression* – wie Eibl-Eibesfeldt[2] es ausdrückt – *ein Instinkt*. Diese Aussage hat nur Sinn auf der Grundlage einer einigermaßen festgelegten Theorie der Instinkte. Seit 1937, als Lorenz den Begriff des Instinkts verwarf und denjenigen der Instinktbewegung prägte, hat sich die Terminologie der Ethologen immer wieder neuen Einsichten angepaßt, und selbstverständlich besteht auch heute die Bereitschaft zu künftiger derartiger Anpassung. Die Grundzüge des Instinktkonzepts haben sich aber wenig gewandelt und seien im folgenden kurz skizziert.

Die tragenden Verhaltensweisen sind genetisch programmierte Fertigkeiten. Das zentrale Nervensystem (ZNS) kommandiert diese Verhaltensweisen den ausführenden Organen (Bewegungsapparatur) in voller Koordination, auch wenn keinerlei Erfahrung oder Lernvorgänge mitspielen. Experimentell ist es in einigen Fällen gelungen, motorische Zentren samt den dazugehörenden motorischen Nervenbahnen und Ausführungsorgangen als »Lebendpräparat« zu isolieren. Dann kommandierten die betreffenden Zentren dauernd die koordinierten Bewegungsabläufe, für die sie eben vererbterweise zuständig sind. Nun ist aber die Bewegungsapparatur imstande, verschiedene Verhaltensweisen auszuführen. Das bedeutet, daß von Fall zu Fall verschiedene Instanzen des ZNS das Kommando übernehmen. Aufs Mal sollte aber nur *eine* am Zug sein, und alle übrigen sollten dann nicht »dreinreden«; d. h. wenn eine in Aktion tritt, sollten die andern blockiert werden. Welche kommandierende Instanz zum Zuge kommt, das sollte sinnvollerweise durch die innere und äußere Situation folgendermaßen entschieden werden:

- Der vom Zustand des Organismus aus beurteilt augenblicklich dringendsten Verhaltensweise sollte der Vortritt eingeräumt werden.
- Die Verhaltensweise sollte aber nur hervorgebracht werden, wenn die äußere Situation die Voraussetzung dafür bietet, daß erstere ihre lebenserhaltende Funktion erfüllen

kann. Zur Veranschaulichung: Wenn der Organismus Wassermangel leidet, soll in erster Linie das Trinken zum Zuge kommen – aber doch nur dann, wenn eine trinkbare Flüssigkeit zur Verfügung steht.

Tatsächlich sorgt bei manchen Tieren die ererbte Disposition für das Funktionieren des Verhaltens in diesem Sinn. Im Ruhezustand sind die kommandierenden Instanzen blockiert. Ihre »Entblockung« kommt durch je spezifischen »Schlüsselreiz« zustande, d. h. durch eine auf einen angeborenen »Auslösemechanismus« (AAM) wirkende Reizkonstellation, die im Normalfall derjenigen äußern Situation anhaftet, in der die entblockte Reaktion lebenserhaltenden Sinn gewinnt. Sexualverhalten z. B. wird entblockt durch die Schlüsselreize, die der Geschlechtspartner sendet.

Bietet die Außenwelt gleichzeitig die Schlüsselreize für mehrere Reaktionsweisen, so kommt es normalerweise deshalb nicht zur Konfusion, weil im ZNS über die relative Dringlichkeit der Reaktionen entschieden wird. Dringlichkeit einer bestimmten Reaktion manifestiert sich als Erniedrigung der spezifischen Reizschwelle. Gewinnt eine Reaktion Dringlichkeits-Status, so genügt zur Auslösung der Schlüsselreiz in suboptimaler Form. Eine nicht dringliche Reaktion dagegen wird bestenfalls noch ausgelöst bei optimalem Reiz, aber auch dies nur, wenn nicht gleichzeitig der spezifische Reiz für eine dringlichere Reaktion rezipiert wird. Ist zum Beispiel Nahrungsaufnahme dringlich, so wird sie schon durch suboptimale Nahrung ausgelöst. Ist sie nicht dringlich, so löst eventuell optimale Nahrung doch noch deren Aufnahme aus; aber beispielsweise nicht bei herrschender Paarungsbereitschaft in Gegenwart eines paarungsbereiten Geschlechtspartners.

Die hier skizzierte Disposition wurde folgendermaßen energetisch gedeutet: Zu jeder funktionsbereiten angeborenen Verhaltensweise bzw. zu ihrer kommandierenden Instanz gehört die dauernde Produktion reaktionsspezifischer Erregungsenergie. Letztere wird im Falle der Blockierung der Reaktion gespeichert. Die Stauung bewirkt Erniedrigung der Reizschwelle, bzw. Verringerung der Selektivität des AAM. Diese Situation haben wir bisher als »Dringlichkeit« bezeichnet. Wird die angeborene Verhaltensweise ausgelöst, so führt das zum Verbrauch spezifischer aufgestauter Erregungsenergie und – zum mindesten vorübergehend – zur Erhöhung der betreffenden Reizschwelle.

Zu den hier skizzierten energetischen Zuständen bzw. Vorgängen scheint bei höheren Wirbeltieren eine subjektive Seite zu gehören: Die Stauung von Erregungsenergie einer besonderen Reaktion wird als intensives Bedürfnis oder als Spannungs-Unlust erlebt; das Ablaufen der Reaktion bzw. der dadurch erreichte energiearme Zustand als Befriedigung oder Entspannungslust. Der ganze zu einer genetisch programmierten Verhaltensweise gehörende Organisationskomplex ist nun eben nach der Terminologie von Lorenz ein *Instinkt*. Das oben skizzierte Konzept hat Lorenz schon vor langer Zeit ergänzt durch die Feststellung, daß verschiedenartige angeborene Verhaltensweisen oder Instinktbewegungen in Ketten organisiert auftreten können. Solche Ketten verraten hierarchische Ordnung der beteiligten Instinkte. Die kommandierende Instanz der Endhandlung ist denjenigen der vorangehenden Kettenglieder übergeordnet. Die letzteren werden sozusagen als Diener eingesetzt; sie haben die Ausgangslage für das Zustandekommen der Endhandlung herbeizuführen. Lorenz nennt die Instinkte des Nahrungserwerbs, der Fortpflanzung, des Angriffs und der Flucht »die Großen Vier«. Ihre Endhandlungen hält er für die übergeordneten Ziele allen Verhaltens. Allerdings zeigen die Erfahrungen an manchen Tieren, daß die Unterstellung nicht starr ist. Situationen können vorkommen, in denen bei befriedigter Endhandlung bzw. befriedigtem »großem« Instinkt sonst vorgeschaltete und unterstellte Glieder noch über gestaute Erregungsenergie verfügen. Dann erreichen diese selbständig Dringlichkeits-Status und können auf »eigene Rechnung« ablaufen. Auch eine durch Fütterung gesättigte Katze will jagen. Sie wird mit einer gefangenen Maus zunächst spielen und sie erst fressen, wenn sie wieder etwas Appetit hat.

Schließlich hat Lorenz darauf hingewiesen, daß seine ursprüngliche Vorstellung von der klaren Kommando-Ordnung modifiziert werden muß: Manche Verhaltensweisen – insbesondere im Sozialbereich – kommen durch Zusammenwirken oder Interferenz zweier oder mehrerer kommandierender Instanzen zustande. Die relative Eigenständigkeit der Instinkte und das dynamische Spiel von Zusammenwirken, Unterstützung, Unterordnung und Unterdrückung zwischen ihnen hat Lorenz veranlaßt, gleichnishaft vom »Parlament« der Instinkte zu sprechen.

Das Konzept von der Struktur instinktiven Verhaltens gilt nun nach Lorenz sowohl für die Aggression wie auch – im großen und ganzen – für die Mechanismen zu ihrer Begrenzung und Bahnung. Die Form der Aggression ist in ihren Grundzügen genetisch programmiert. Sie untersteht einer kommandierenden Instanz des ZNS. Es wird – unter Kontrolle der hormonalen Situation – im ZNS dauernd *Energie der aggressiven Erregung* produziert und gespeichert. Ausgelöst wird die Aggression durch artspezifische Schlüsselreize. Bei starker Stauung aggressiver Energie kommt es zur Erniedrigung der Reizschwelle. Die Gegenspieler der Aggression, die der letztern Unschädlichkeit garantieren, sieht Lorenz: 1. in genetischer Programmierung der aggressiven Verhaltensformen in ungefährlicher Weise (Kommentkampf, angeborene Rituale der Auseinandersetzung), 2. in automatisch funktionierenden Hemm-Instinkten, die der schwache Artgenosse (z. B. Jungtier) im starken zur Auslösung bringt, insbesondere in der Kupplung von solchen Hemm-Automatismen an angeborene Ausdrucksformen der Unterwerfung oder Demut als Schlüsselreizen.

Gegen das Lorenz'sche Konzept der Aggression ist vor allem die »Frustrations-Theorie« der Aggression ins Feld geführt worden. Nach ihr entspringt beim Menschen Aggression immer der Frustration von Trieben oder primären Bedürfnissen. Solche gibt es demnach, und sie sind durch die Produktion primärer spezifischer Energie gekennzeichnet; aber die Aggression ist kein primärer Trieb, ihre Energie entsteht sekundär, eben durch Frustration eines primären Triebes. Nach der ursprünglichen Vorstellung soll Aggression aktuell durch Frustration zustandekommen. In letzter Zeit wurde (vor allem von Plack[3]) postuliert, daß Frustration durch erotische Vernachlässigung im Säuglingsalter und durch autoritäre repressive Erziehung in den Kindheitsjahren aggressive Individuen hervorbringe. Diese erweiterte Frustrationstheorie erscheint heute bei politischen Ideologen und Journalisten als ihren offenbar kompetentesten Verfechtern bald als Glaubensgrundsatz, bald als Slogan.

Wie kann man zwischen diesen beiden Konzepten entscheiden? Auch ins Lorenz'sche Konzept läßt sich Frustration einbauen, nämlich als Auslösesituation. Als solche legt sie primäre aggressive Potenzen frei. Nach der Frustrationstheorie dagegen würde die primäre Energie des frustrierten Triebes in Aggressionsenergie umgewandelt. Wie kann zwischen diesen gedanklichen Modellen entschieden werden? Ähnlich stellt sich die Frage im Falle aufgeschobener Wirkung der Frustration: Wird durch wiederholte Frustrationen schließlich *primäre* oder *sekundäre* – d. h. durch Umwandlung entstandene – Aggressionsenergie zur Entladung gebracht?

Meines Erachtens sind beide Modelle unzulänglich, soweit es sich um den Menschen (und höhere Säuger) handelt. Wenden wir uns zunächst dem Lorenz'schen Instinkt-Konzept der Aggression zu: Nach diesem wird reaktionsspezifische Erregungsenergie produziert; ist das aggressive Verhalten in seinen Formen in Hauptzügen genetisch programmiert; wird Aggression durch eine spezifische Situation ausgelöst; ist Aggression einer der »Großen Vier« unter den Instinkten.

Wo Lorenz, und ausführlicher Eibl-Eibesfeldt, menschliches Verhalten lebensnah schildern, ist ihr Konzept offenbar außer Kraft gesetzt. Wenn man eine Aufgabe frisch »anpackt«, in »Angriff« nimmt, sich in sie »verbeißt«, so wird dabei nach Eibl-Eibesfeldt aggressive Energie frei. Bei solchem »Angreifen« und »Verbeißen« handelt es sich aber um ganz andere Formen des Verhaltens als beim innerartlichen Kämpfen. Daß zwischen den beiden Verhaltensbereichen eine »innere Verwandtschaft« besteht, sei nicht bestritten. Sie wird aber vom Instinktkonzept in keiner Weise erfaßt. Nimmt man an, in beiden Bereichen sei die nämliche Energie wirksam, so kann man diese nicht als reaktionsspezifisch bezeichnen; die Verhaltensformen sind alles andere als genetisch programmiert, und die auslösenden Situationen sind in weitem Maße verschieden: Die angepackte Aufgabe ist kein rivalisierender oder feindlicher Artgenosse!

Die Einreihung der Aggression unter die »Großen Vier« widerspricht ihren beobachtbaren Rollen:

1. Sie tritt auf als *Werkzeug* der Offensive exklusiver sozialer Gruppen. Es geht dabei um die Eroberung von Raum und Gütern, um die Unterdrückung und Ausbeutung Gruppenfremder, vielleicht sogar um ihre Ausrottung, nicht aber um Aggression als Ziel. Sie erscheint auch als *Mittel* der Defensive sozialer Gruppen gegen solche Offensive.

2. Sie wird auch eingesetzt in der intrasozialen Auseinandersetzung. Zielsituation ist dann eine soziale Ordnung – die bald mehr als Führungs-Ordnung, bald mehr als Privilegien-Ordnung in Erscheinung tritt – und mit ihr verflochten eine sexuelle Ordnung. In diesen Zusammenhängen sind Bahnung und Begrenzung der Aggression augenfällig.
3. Intrasoziale Aggression schafft nicht immer soziale Ordnung, sondern führt unter Umständen zur Aufspaltung der sozialen Einheit. Der Einsatz der Aggression hält sich dann zwischen den Modi 1) und 2).

Zusammengefaßt: Bei höheren Säugern mit Einschluß des Menschen tritt Aggression im allgemeinen *nicht* als Endziel oder Haupttrieb in Erscheinung, sondern als Werkzeug in inter- und intrasozialer Auseinandersetzung. Die von Lorenz erbrachten Gegenargumente (»Polarkoller« und die Geschichte von seiner Tante und ihren Dienstmädchen) lassen auch andere Interpretationen zu.

Auch die Faktoren, die bei höhern Säugern zur Bahnung und Begrenzung der Aggression beitragen, werden vom Instinktbegriff nicht erfaßt. Die von Lorenz stammende und von Eibl-Eibesfeldt übernommene Vorstellung von der automatischen Tötungshemmung beim Wolf auf Demutsgebärde des schwächeren Artgenossen entstand durch Mißdeutung einer bei Wolf und Hund beobachteten Szene. Das Instinktkonzept trägt einem Phänomen von entscheidender Bedeutung nicht Rechnung: der persönlichen Beziehung. Die wichtigste Schranke der Aggression bei höhern Säugern, die zur Bildung exklusiver Gruppen neigen, ist die positiv soziale persönliche Beziehung. Wo solche Beziehungen auftreten, sind die sozialen Rollen der Gruppenangehörigen individuell verschieden. Die Rollen formen sich im Ablauf des individuellen, in die Gruppe eingebetteten Lebens. In der Konfrontation des Individuums mit den Sozialpartnern kommt es allerdings nicht notwendigerweise zu harmonischer Rollenbildung und somit sozialer Ordnung. Die Konfrontation kann sich steigern und zu sozialer Aufspaltung oder auch zur Vernichtung einzelner bisheriger Gruppenangehöriger führen. Inwiefern diese Verhaltenspotenzen Überlebenswert besitzen, wird später kurz diskutiert.

Was nun die Frustrationstheorie anbelangt, so fehlt hier zunächst eine befriedigende Konzeption der primären Triebe oder Bedürfnisse. Ferner ist nicht einzusehen, weshalb von bestimmten Verhaltensweisen auf primäre Triebe zu schließen sei, von aggressivem Verhalten aber nicht. Wenn behauptet wird, Frustration im Säuglingsalter rufe der Entwicklung aggressiver Disposition, so ist dem entgegenzuhalten, daß die Entwicklung auch aller anerkannt primären Triebe von der Mutter-Kind-Beziehung entscheidend beeinflußt wird. Im übrigen ist die Verkettung von Frustration und Aggression einfach keine nachweisbare feste Regel. Aggression kann auch ohne Frustration auftreten (1), und Frustration führt durchaus nicht immer zu Aggression (2).

Zu 1): Das Erfaßtwerden des Individuums von gemeinsamer Kampferregung im Rahmen einer Sozietät – zum Beispiel gegen einen gemeinsamen äußern Gegner – hat mit Frustration nichts zu tun, jedenfalls dann nicht, wenn es sich nicht um Defensive, sondern um die Offensive gegen einen schwächeren »Feind« handelt. Außerdem: In allen Trieb-Bereichen kommt es vor, daß Befriedigte ihre unterlegenen Sozialpartner mittels Aggression daran hindern, auch Befriedigung zu finden. Soziale Offensive erscheint in weitem Maß als Kampf um eigene Privilegien – und das heißt um Entrechtung der Sozialpartner. Dabei ist Frustration bestenfalls Teilursache der Offensive.

Zu 2): Frustration von seiten eines weit überlegenen und anerkannten Sozialpartners ruft nicht aggressives Verhalten, sondern Demut oder Ehrfurcht hervor. Aggression im Rahmen intrasozialer Defensive oder der Empörung gegenüber dem Überlegenen setzt meist erst dann ein, wenn des letzteren Autorität Einbußen erlitten hat. Auch ohne Analyse des Phänomens der Autorität darf festgestellt werden, daß es nicht die Frustration allein ist, die über aggressives Verhalten oder Einordnung entscheidet. Frustration ist bestenfalls eine Komponente der sozialen Situation, aus der aggressives Verhalten erwächst. Gewisse Vertreter der Frustrationstheorie beurteilen die Aggression als Krankheit des Individuums, resultierend aus einem kranken Gesellschafts-Ganzen. Dem widerspricht das universelle Auftreten aggressiven Verhaltens durch die ganze Menschheit und ihre Geschichte und duch sozusagen den ganzen Bereich der Wirbeltiere. Wir können vergröbernd behaupten, daß bei urtümlichen menschlichen Populationen, die sich aus kleinen, weitgehend geschlossenen sozialen Gruppen aufbauen, zwischen der Auseinandersetzung der Gruppen mit der äußeren Umwelt, der Gruppen untereinander und der Individuen innerhalb der Gruppen eine deutliche Korrelation besteht. Die nach außen stark angespannte kleine Gruppe erscheint intern harmonisch geordnet; die nach außen erfolgreiche große Gruppe zeigt intensive interne Konflikte zwischen Untergruppen oder Individuen und neigt zur Aufspaltung. Der Frustrationstheorie geht der Blick auf das gesamte Regulationssystem ab, von dem aus die Verbindung Frustration-Aggression richtig gesehen und verstanden werden kann. Auf dieses System werden wir im folgenden noch zurückkommen.

Ich möchte dieser Kritik des dynamischen Instinktkonzepts und der Frustrationstheorie einige Feststellungen über das aggressive Verhalten bei höheren Säugern und dem Menschen folgen lassen. Dabei handelt es sich nicht um ein abgeschlossenes Konzept; die Naturgeschichte der Aggression ist dazu noch nicht weit genug gediehen.

1. Die heutige Diskussion dreht sich meist um *die* Aggression. Gibt es eine derartige einheitliche organische Größe, oder haben wir es mit einer theoretischen Konstruktion zu tun? Jedenfalls werden häufig die an einzelnen Tierarten unter besonderen Bedingungen beobachteten Tatbestände verallgemeinernd zu Wesenszügen *der* Aggression erklärt. Tatsächlich existiert nach Form, Motivation und Funktion sehr verschiedenartiges aggressives Verhalten: Unter Wirbeltieren mit offenen Gesellschaften ist Konkurrenz der Männchen um Sexualprivilegien weit verbreitet. Sie kann sich als Kampf um den sozialen Rang oder um Brunftterritorien manifestieren. Solcher Kampf ist meist ritualisiert. Der Abbruch erfolgt, sobald der Unterliegende aufgibt. Er gibt damit seinen sexuellen Anspruch auf.

   Für Wirbeltiere mit der Tendenz zur Bildung geschlossener Sozietäten ist, offensiv oder defensiv, der gemeinsame Einsatz der Gruppen gegeneinander typisch. Auch solcher Einsatz dreht sich oft um Territorien. Diese sind aber Lebensraum und Existenzgrundlage der Gruppen. Dementsprechend geht es bei diesen Auseinandersetzungen um die Existenz, nicht bloß um spezielle Ansprüche.

   Innerhalb nach außen geschlossener Gruppen ist intraso-

ziale Aggression zu beobachten. Durch sie wird in erster Linie über die sozialen Rollen entschieden. Unterordnung des einen Partners unter den andern beendet meist den Streit.
Die intrasoziale Auseinandersetzung führt aber nicht immer zu interner Ordnung, sondern oft auch zu Untergruppenbildung und zur Spaltung der Sozietät. Die Auseinandersetzungen stellen dann Zwischenformen zwischen inter- und intrasozialer Gegnerschaft dar.

2. Aggression ist bei höheren Säugern kein Hauptinstinkt; aggressives Verhalten ist eine mögliche Manifestation momentaner oder langfristiger Gegnerschaft, wird im Dienste übergeordneter Triebziele eingesetzt und gewinnt von diesen her jeweils seinen besonderen Charakter.
3. Bei höhern Säugern erscheint Aggression nicht als genetisch programmierter Instinkt. Auch die Einrichtungen zu ihrer Bahnung und Begrenzung sind nicht genetisch programmierte Automatismen. Nicht durch Einengung des Automatismus A (Aggression) durch den Automatismus B (Hemmung) wird die mögliche Schädlichkeit des ersteren vermieden. Vielmehr sind Gegnerschaft und Zusammenarbeit unter Artgenossen variable Komponenten eines dynamischen Regelsystems. Innere und äußere Situation des Individuums, der Gruppe und der Population bilden einen Zusammenhang, von dem aus die Modifikationen des aggressiven Verhaltens einerseits und des Zusammenwirkens andererseits in Form, Motivation und Funktion verständlich werden. In der Fähigkeit, Zusammenarbeit und Gegnerschaft auf die Gesamtsituation abzustimmen, ist der Überlebenswert dieses Systems zu sehen.
Exklusive Gruppen mit interner Aufteilung der sozialen Aufgaben und Kompetenzen und der Fähigkeit zur Tradierung von Erfahrung und Fertigkeiten sind zweifellos leistungsfähige Einheiten der Beherrschung des Lebensraumes. Solche Leistungsfähigkeit bringt die Gefahr der Übernutzung des Lebensraums mit sich. Diese wird vermieden durch Selbstregulation der Population in ihrer Dichte. Offenbar sind Gegnerschaft und Zusammenwirken Komponenten eines Regelsystems, das gleichzeitig Leistungsfähigkeit der Gruppen und Selbstregulation der Population gewährleistet.

4. Die Verhaltenspotenzen, die dem eben erwähnten regulativen System zugehören, lassen sich mit dem Instinktkonzept nicht erfassen. Das zeigen die im folgenden skizzierten Tatbestände:
Die persönlichen sozialen Beziehungen sind Komponenten des Regelsystems. Das Individuum wird demnach durch lebensgeschichtliche Formung zum Träger des Regelsystems, und Regulationsprozesse sind Ereignisse des individuellen und des Gruppen-Schicksals.
Wie bereits erwähnt, sind weder die Typen der Erregung noch die Verhaltensweisen genetisch programmiert. Die Antriebs-, Verhaltens- und Beziehungsmöglichkeiten entfalten sich erst in verhaltensmäßiger Auseinandersetzung mit der Umwelt, insbesondere der sozialen Umwelt. Dabei ist es besonders für höhere Primaten charakteristisch, daß jedes Individuum sich für das Verhalten der Sozialpartner in differenzierter und aktiver Weise interessiert. Der ranghöhere, ältere Partner »will« auf das Verhalten des jüngeren einwirken, und dieser zeigt die Bereitschaft, solchen Führungsimpulsen zu entsprechen. Umfassender beurteilt, entwickeln sich Antriebs-, Verhaltens- und Beziehungsmöglichkeiten des Individuums in einem äußerst vielseitigen »Expansionsprozeß«. Voraussetzung dazu ist der offene Zufluchtsweg zu intimer sicherer Geborgenheit. Ist expansiver, explodierender Aktivität Erfolg beschert, so wirkt dieser kanalisierend auf den weiteren Verlauf der Expansion. Ausbleiben von Erfolg kann bis zu einem gewissen Grad anspornend wirken; bleibt aber auch größerer Anstrengung der Erfolg konsequent versagt oder stellt sich eigentlicher Mißerfolg ein, so werden die spezifischen Anstrengungen aufgegeben. Erfolg besteht jeweils darin, daß Ausgangspunkte zu weiterer Entfaltung der Expansion und damit der Antriebs-, Verhaltens- und Beziehungsmöglichkeiten gewonnen werden. Durch explorierende, expansive – auch imitierende – Aktivität werden also erfolgreiche Kanäle des Verhaltens ertastet und zu einem System entfaltet.
Es ist durchaus wahrscheinlich, daß es kanalspezifische Erregungsenergie gibt; aber ebenso wahrscheinlich ist diese nicht angeboren und bilden die Verhaltenskanäle in bezug auf Energie ein weitgehend kommunizierendes Sy-

stem. Die Regeln der Energieverschiebung zwischen Kanälen sind bestenfalls bruchstückweise bekannt; aber jetzt schon darf festgestellt werden, daß auf solcher Verschiebung das oben skizzierte, Gegnerschaft und Zusammenwirken umfassende Regelsystem aufbaut.

Der genetische Code wirkt immer nur im Zusammenhang mit seinem »Milieu«. Das gilt auch in bezug auf die Verhaltensdisposition. Während diese aber bei einfach organisierten Tieren weitgehend abgeschirmt gegen Außeneinflüsse reift, entfaltet sie sich bei höheren Säugern und beim Menschen aus einer wenig differenzierten »Knospe« im und durch Verhaltens-Austausch mit der Sozialsphäre und, durch diese vermittelt, mit der äußeren Umwelt. Dabei ist jeder Verhaltensaustausch selbst ein Regelprozeß; jeder zeigt eine Komponente des Probierens oder Explorierens. Jeder wirkt außerdem modifizierend auf die Disposition zu weiterem Verhalten.

Die genetische Programmierung umfaßt gewiß die Möglichkeit zur Ausbildung von Dispositionen sowohl der Liebe und Zusammenarbeit wie auch der Gegnerschaft und des aggressiven Verhaltens. In einer Normalumwelt und in Wechselwirkung mit ihr entwickeln sich diese Dispositionen als Komponenten des erwähnten Regelsystems. Welche Faktoren im einzelnen diese Entwicklung anregen, ist noch nahezu unerforscht. Man ist erst auf dem Wege zu sinnvollen Fragen. Daß das erwähnte Regelsystem bisher das Leben der menschlichen Art erhalten hat, trotz aller Ausbrüche von Aggression und aller Anstrengungen zur Unterjochung und Vernichtung menschlichen Lebens, läßt sich nicht bestreiten.

Fassen wir kurz die wesentlichsten Feststellungen über die Aggression beim Menschen und den höheren Säugern zusammen:

- Aggression ist im erwähnten Bereich kein Instinkt nach dem Konzept von Lorenz und erst recht kein Hauptinstinkt.
- Aggressives Verhalten unterscheidet sich nicht grundsätzlich von anderen sogenannten triebbedingten Verhaltensleistungen. Es »primärem« Triebverhalten als irgendwie »sekundär« gegenüberzustellen, läßt sich durch keinerlei Tatbestände begründen.

- Die Verknüpfung von Frustration und Aggression ist weder obligatorisch noch ausschließlich.
- Die soziale Strukturierung der Population umfaßt sowohl liebende Verbundenheit und Zusammenarbeit wie auch Gegnerschaft und Aggression. Diese Möglichkeiten bilden variable Komponenten eines Regelsystems, das die Beherrschung der Umwelt und die Selbstbeschränkung der Population aufeinander abstimmt.
- Die Variabilität der Komponenten ist dadurch gewährleistet, daß die Verhaltensdisposition nicht weitgehend abgeschirmt gegen Außeneinflüsse im Sinne fester genetischer Programmierung reift. Genetisch gewährleistet ist eine weite Skala an Möglichkeiten der Entwicklung der Verhaltensdisposition. Dieser Entwicklungsvorgang selbst erfolgt im und durch den Verhaltensaustausch vor allem mit der sozialen Umwelt. Die Erforschung dieser Zusammenhänge ist noch nicht weit gediehen.

Zum Schluß drängt es sich auf, nochmals einen Blick auf die heutigen Situation der Menschheit zu werfen, denn sie ist zweifellos alarmierend. Die menschliche Macht zur Unterjochung des Lebensraums ist gewaltig geworden. Dieser ist denn auch bis zur äußersten Grenze belastet. Noch einige Jahre mehr oder weniger friedlichen Fortschritts – und Degradierung und Vernichtung von Lebensraum und Lebensgrundlagen werden katastrophal sein. In dieser Situation tritt gemäß unserer sozialen Natur Aggression als regulativer Prozeß auf. Wie Russell[4] richtig feststellt, ist ihr heutiges Ausmaß der zu hohen menschlichen Populationsdichte zuzuschreiben. Aber in ihrer Verbindung mit technischer Macht ist Aggression mit größten Risiken – auch für den Lebensraum – verbunden.

Es geht heute darum, einen möglichen Weg zu finden, um den Lebensraum vom Übermaß an menschlichem Leben und zivilisatorischem Fortschritt entscheidend zu entlasten. Wenn weltweit solche Selbstbeschränkung, verbunden mit Schonung, ja Betreuung des Lebensraums, aufgebracht wird, besteht Aussicht, daß die drohende Katastrophe vermieden wird.

[1] *Lorenz, K.* Das Sogenannte Böse. Zur Naturgeschichte der Aggression. Dr. G. Borotha – Schoeler Verlag, Wien 1963.
[2] *Eibl – Eibesfeldt, I.* Grundriß der vergleichenden Verhaltensforschung. R. Piper u. Co. Verlag, München 1967.
[3] *Plack, A.* Die Gesellschaft und das Böse. Eine Kritik der herrschenden Moral. Paul List Verlag, München 1967.
[4] *Russell, U. and Russell, W. M. S.* Violence, Monkeys and Man. Mac Millan, London 1968.

Carl Friedrich Frhr. v. Weizsäcker
Gut und Böse

Wir gebrauchen hier die Worte gut und böse im eingeschränkten Sinn von Normen des Verhaltens von Individuen in einer Gemeinschaft. Menschliche Gemeinschaften verlangen von ihren Gliedern gewisse Verhaltensweisen. Worauf gründen sich die Normen?
Mit den Verhaltensforschern sprechen wir von moralanalogem Verhalten bei Tieren, und wir betrachten dieses zuerst. Hier lassen sich nun genau die obigen Überlegungen anwenden*. Nur ist das Regelsystem jetzt nicht der einzelne Organismus, sondern die tierische Gruppe. Beschränkt man sich zunächst wieder auf die Erhaltung, so läßt sich eine Gesundheit der Gemeinschaft definieren und eine Gesundheit ihrer Mitglieder, analog der Gesundheit der Organe eines Organismus. »Sozial gesund« ist ein Individuum, dessen Verhaltensnorm zur Erhaltung der Gemeinschaft beiträgt; genauer: dessen Verhaltensnorm Teilnorm der gesunden Verhaltensnorm der ganzen Gruppe ist. Genau nach diesem Prinzip ist übrigens der platonische Staat konstruiert. Die führende soziale Tugend, die Gerechtigkeit, besteht darin, daß jeder »das Seine tut«. Das Seine tun bedeutet bei Platon natürlich nicht primär, wie in seinen leise ironischen Beispielen, daß sich jeder spezialisiert und der Schuster nur Schuhe macht, sondern daß jedes Glied seiner Idee gemäß handelt, und die Idee ist eben die gesunde Norm. Eben darum spezialisiert sich z. B. der platonische Philosoph nicht, sondern ist

* Anm. des Hrsg.: v. Weizsäcker betrachtet in diesen Überlegungen den Menschen methodisch als Lebewesen, das ein – durch Mutation und Selektion entstandenes – Regelsystem darstellt (im Sinne einer kybernetischen Biologie und darwinistischen Kybernetik).

– wenn das Gemeinwesen gesund genug ist, dies zuzulassen – zugleich Staatsmann. Der Staatsmann tut nämlich nur dann das Seine, wenn er die Wahrheit denkt. Diese Forderung freilich übersteigt die Stufe, die wir an Tiergesellschaften illustrieren können.

Die Definition des Guten durch das Wohl der Gemeinschaft charakterisiert die Moral der Selbsterhaltung der Gruppe. Wieviele subtile Regelungen hierfür sorgen können, zeigt z. B. die Analyse der Aggression durch Lorenz. Natürlich gibt es dann auch soziale Krankheit, also ein geregeltes soziales Fehlverhalten. Eine soziale Krankheit ist der ungezügelte Egoismus des einzelnen Individuums in vielfacher Hinsicht. Aber auch der ungezügelte Egoismus einer Gruppe kann soziale Krankheit bezüglich der Erhaltung der Art sein.

Beim Menschen ist nicht mehr von moral-analogem Verhalten, sondern von Moral selbst die Rede im doppelten Sinn der Normen traditioneller Sitte und der Normen für bewußte Entscheidung. Sprechen wir hier nur vom letzteren, so ist die wohl höchste Stufe eines Prinzips einer solchen Erhaltungsmoral Kants kategorischer Imperativ, der mir gerade die Allgemeinheit der Maxime meines Handelns gebietet. In der hier gewählten Sprache fordert er: Wolle mögliche Normen! »Möglich« heißt dabei eben das, was vorhin »gesund« hieß. Auch hier kann der Gruppenegoismus ebenso eine krankhafte Norm sein wie der Privategoismus. Selbstverständlich fehlt bei Kant der Bezug auf die biologische Spezies Mensch, der ja auch im Darwinismus eine nur genähert brauchbare Einschränkung ist. Die Gesamtheit bei Kant ist die Gesamtheit der vernünftigen Wesen, also eben der Wesen, die eine Norm zu denken vermögen. Dies weist uns im kybernetischen Modell einerseits zurück auf das die Spezies-Grenzen übergreifende Fortschrittsprinzip, andererseits voraus auf die Frage des wahren Denkens, also von Wahr und Falsch.

Das Fortschrittsprinzip relativiert schon bei den Tieren auch im sozialen Bereich wiederum das Verhältnis von Gesundheit und Krankheit. Lorenz' Begründung der individuellen Bindung von Individuen auf ritualisierte Aggression, überhaupt der ganze Begriff der Ritualisierung erweist die Wandelbarkeit des in gewisser Hinsicht Kranken in Gesundes einer neuen Ordnung, also des »sogenannten Bösen« in Gutes.

Auch hier läßt sich eine automatisch wirkende Norm des Fortschritts nicht nennen. Der geschichtliche Erfolg einer Neuerung ist nicht garantierbar. Beim Menschen heißt dies im doppelten Maß, daß wir das Einmalige in seiner Einmaligkeit zu begreifen versuchen müssen. Hier ist ein struktureller Grund dafür, daß die Wirklichkeit der Liebe dem Prinzip der Gerechtigkeit überlegen ist.

Einen ganz anderen Ansatz zur Theorie des Bösen impliziert der Marxismus.

Karl Marx/Friedrich Engels
Das Böse als das Unmenschliche

Aus: »Die deutsche Ideologie« 1845/46

[»Der Einzige und sein Eigenthum«,] p. 185 wirft Sancho [Max Stirner] die große Frage auf:

»Aber der Unmensch, der doch in jedem Einzelnen steckt, wie dämmt man den? Wie stellt man's an, daß man mit dem Menschen nicht zugleich den Unmenschen freiläßt? Der gesamte Liberalismus hat einen Todfeind, einen unüberwindlichen Gegensatz, wie Gott den Teufel: dem Menschen steht der Unmensch, der Egoist, der Einzelne, stets zur Seite. Staat, Gesellschaft, Menschheit bewältigen diesen Teufel nicht.«

»Und wenn tausend Jahre vollendet sind, wird der Satanas los werden aus seinem Gefängnis und wird ausgehen zu verführen die Heiden in den vier Örtern der Erde, den Gog und Magog, sie zu versammeln in einem Streit ... Und sie traten auf die Breite der Erde und umringten das Heerlager des Heiligen und die geliebte Stadt.« Offenbarung Johannis, 20, 7–9.

Die Frage, wie Sancho sie selbst versteht, läuft wieder auf reinen Unsinn hinaus. Er bildet sich ein, die Menschen hätten sich bisher immer einen Begriff vom Menschen gemacht und sich dann so weit befreit als nötig war, um diesen Begriff in sich zu verwirklichen; das jedesmalige Maß der Freiheit, das sie sich errungen, sei durch ihre jedesmalige Vorstellung vom Ideal des Menschen bestimmt worden; wobei denn nicht fehlen konnte, daß in jedem Individuum ein Rest zurückblieb, der diesem Ideal nicht entsprach und daher als »unmenschlich« nicht oder nur malgré eux befreit wurde. – In der Wirklichkeit trug sich die Sache natürlich so zu, daß die Menschen sich jedesmal so weit befreiten, als nicht ihr Ideal vom Menschen, sondern die existierenden Produktivkräfte ihnen vorschrieben und erlaubten. Allen bisherigen Befreiungen lagen indes beschränkte Produktivkräfte zugrunde, deren für die ganze Gesellschaft unzureichende Produktion nur dann eine Entwicklung möglich machte, wenn die einen auf Kosten der andern ihre Bedürfnisse befriedigten und dadurch die einen – die Minorität – das Monopol der Entwicklung erhielten, während die andern – die Majorität – durch den fortgesetzten Kampf um die Befriedigung der notwendigsten Bedürfnisse einstweilen (d. h. bis zur Erzeugung neuer revolutionierender Produktivkräfte) von aller Entwicklung ausgeschlossen wurden. So hat sich die Gesellschaft bisher immer innerhalb eines Gegensatzes entwickelt, der bei den Alten der Gegensatz von Freien und Sklaven, im Mittelalter der von Adel und Leibeignen, in der neueren Zeit der von Bourgeoisie und Proletariat ist. Hieraus erklärt sich einerseits die abnorme »unmenschliche« Weise, in der die beherrschte Klasse ihre Bedürfnisse befriedigt und andererseits die Beschränkung, innerhalb deren der Verkehr und mit ihm die ganze herrschende Klasse sich entwickelt; so daß diese Beschränktheit der Entwicklung nicht nur in dem Ausschließen der einen Klasse, sondern auch in der Borniertheit der ausschließenden Klasse besteht und das »Unmenschliche« ebenfalls in der herrschenden Klasse vorkommt. Dies sogenannte »Unmenschliche« ist ebensogut ein Produkt der jetzigen Verhältnisse wie das »Menschliche«; es ist ihre negative Seite, die auf keiner neuen revolutionären Produktivkraft beruhende Rebellion gegen die auf den bestehenden Produktivkräften beruhenden herrschenden Verhältnisse, die ihnen entsprechende Weise der Befriedigung der Bedürfnisse. Der positive Ausdruck »menschlich« entspricht den bestimmten, einer gewissen Produktionsstufe gemäß *herrschenden* Verhältnissen und der durch sie bedingten Weise, die Bedürfnisse zu befriedigen, wie der negative Ausdruck »unmenschlich« dem durch dieselbe Produktionsstufe täglich neu hervorgerufenen Versuche entspricht, diese herrschenden Verhältnisse und die in ihnen herrschende Weise der Befriedigung innerhalb der existierenden Produktionsweise zu negieren.

Das Böse, Satanische erscheint als das »Unmenschliche«, das durch die herrschende, unterdrückende Klasse erzeugt wird. Es ist ein Produkt sozio-ökonomischer Verhältnisse und steht unter den Bedingungen des dialektischen Prozesses der Geschichte. Nur auf revolutionäre Weise kann dieses Böse bekämpft werden, mit dem Ziel seiner Auslöschung in der als Endstadium angestrebten kommunistischen klassenlosen Gesellschaft.
Eine Kritik an dem in der Folge zum Dogma erstarrten Marxschen Entwurf übt der jugoslawische marxistische Philosoph Svetozar Stojanović: »Wenn man die Dialektik bis zum Extrem führt und den historischen Umsturz der Klassengesellschaft in eine klassenlose Gesellschaft als absoluten Umsturz auffaßt, bringt sich die Dialektik selbst eine Niederlage bei, weil sie eine Gesellschaft vorhersieht, in der ihr grundlegendes Prinzip, der Konflikt der Gegensätze, nicht mehr herrschen wird. Wenn man sich auf die Möglichkeit der vollkommenen und endgültigen Eliminierung der inhumanen Seite des Menschen verläßt, bleibt kein Platz mehr für weitere gesellschaftliche Entwicklung. Der Philosoph kann der Dialektik der Geschichte nicht treu bleiben, wenn er die Dialektik der menschlichen Natur nicht respektiert« (Kritik und Zukunft des Sozialismus, deutsche Ausgabe 1970). Nach Stojanović also bildet das Inhumanum als Böses einen unaufhebbaren, den Fortschritt stimulierenden Faktor der menschlichen Gesellschaft. Nachdem der Marxismus durch so viele Phasen seiner Modifikation – bis zur gefährlichen Trivialisierung – gegangen ist, sollte gerade dieses Problem diskutiert werden.

1920 formulierte Sigmund Freud in seiner Schrift »Jenseits des Lustprinzips« erstmals seine Lehre vom Todestrieb, deren Ausgestaltung als eine Theorie des Bösen aufgefaßt werden kann.

Sigmund Freud
Eros und Destruktionstrieb

Aus: »Abriß der Psychoanalyse« (1938, a. d. Nachlaß)

Die Kräfte, die wir hinter den Bedürfnisspannungen des Es annehmen, heißen wir *Triebe*. Sie repräsentieren die körperlichen Anforderungen an das Seelenleben. Obwohl letzte Ursache jeder Aktivität, sind sie konservativer Natur; aus jedem Zustand, den ein Wesen erreicht hat, geht ein Bestreben hervor, diesen Zustand wiederherzustellen, sobald er verlassen worden ist. Man kann also eine unbestimmte Anzahl von Trieben unterscheiden, tut es auch in der gewöhnlichen Übung. Für uns ist die Möglichkeit bedeutsam, ob man nicht all diese vielfachen Triebe auf einige wenige Grundtriebe zurückführen könne. Wir haben erfahren, daß die Triebe ihr Ziel verändern können (durch Verschiebung), auch daß sie einander ersetzen können, indem die Energie des Triebs auf einen anderen übergeht. Der letztere Vorgang ist noch wenig gut verstanden. Nach langem Zögern und Schwanken haben wir uns entschlossen, nur zwei Grundtriebe anzunehmen, den *Eros* und den *Destruktionstrieb* ... Das Ziel des ersten ist, immer größere Einheiten herzustellen und so zu erhalten, also Bindung, das Ziel des anderen im Gegenteil, Zusammenhänge aufzulösen und so die Dinge zu zerstören. Beim Destruktionstrieb können wir daran denken, daß als sein letztes Ziel erscheint, das Lebende in den anorganischen Zustand zu überführen. Wir heißen ihn darum auch Todestrieb. Wenn wir annehmen, daß das Lebende später als das Leblose gekommen und aus ihm entstanden ist, so fügt sich der Todestrieb der erwähnten Formel, daß ein Trieb die Rückkehr zu einem früheren Zustand anstrebt. Für den Eros (oder Liebestrieb) können wir eine solche Anwendung nicht durchführen. Es würde voraussetzen, daß die lebende Substanz einmal eine Einheit war, die dann zerrissen wurde und die nun die Wiedervereinigung anstrebt.

In den biologischen Funktionen wirken die beiden Grundtriebe gegeneinander oder kombinieren sich miteinander. So ist der Akt des Essens eine Zerstörung des Objekts mit dem Endziel der Einverleibung, der Sexualakt eine Aggression mit der Absicht der innigsten Vereinigung. Dieses Mit- und Gegeneinanderwirken der beiden Grundtriebe ergibt die ganze Buntheit der Lebenserscheinungen. Über den Bereich des Lebenden hinaus führt die Analogie unserer beiden Grundtriebe zu dem im Anorganischen herrschenden Gegensatzpaar von Anziehung und Abstoßung.

Aus: »Das Unbehagen in der Kultur« (1930)
Das gern verleugnete Stück Wirklichkeit hinter alledem ist, daß der Mensch nicht ein sanftes, liebebedürftiges Wesen ist, das sich höchstens, wenn angegriffen, auch zu verteidigen vermag, sondern daß er zu seinen Triebbegabungen auch einen mächtigen Anteil von Aggressionsneigung rechnen darf. Infolgedessen ist ihm der Nächste nicht nur möglicher Helfer und Sexualobjekt, sondern auch eine Versuchung, seine Aggression an ihm zu befriedigen, seine Arbeitskraft ohne Entschädigung auszunützen, ihn ohne seine Einwilligung sexuell zu gebrauchen, sich in den Besitz seiner Habe zu setzen, ihn zu demütigen, ihm Schmerzen zu bereiten, zu martern und zu töten. *Homo homini lupus;* wer hat nach allen Erfahrungen des Lebens und der Geschichte den Mut, diesen Satz zu bestreiten? Diese grausame Aggression wartet in der Regel eine Provokation ab oder stellt sich in den Dienst einer anderen Absicht, deren Ziel auch mit milderen Mitteln zu erreichen wäre. Unter ihr günstigen Umständen, wenn die seelischen Gegenkräfte, die sie sonst hemmen, weggefallen sind, äußert sie sich auch spontan, enthüllt den Menschen als wilde Bestie, der die Schonung der eigenen Art fremd ist. Wer die Greuel der Völkerwanderung, der Einbrüche der Hunnen, der sogenannten Mongolen unter Dschingis-Khan und Timurlenk, der Eroberung Jerusalems durch die frommen Kreuzfahrer, ja selbst noch die Schrecken des letzten Weltkrieges in seine Erinnerung ruft, wird sich vor der Tatsächlichkeit dieser Auffassung demütig beugen müssen.
Die Existenz dieser Aggressionsneigung, die wir bei uns selbst verspüren können, beim anderen mit Recht voraussetzen, ist das Moment, das unser Verhältnis zum Nächsten stört und die Kultur zu ihrem Aufwand nötigt. Infolge dieser primären Feindseligkeit der Menschen gegeneinander ist die Kulturgesellschaft beständig vom Zerfall bedroht. Das Interesse der Arbeitsgemeinschaft würde sie nicht zusammenhalten, triebhafte Leidenschaften sind stärker als vernünftige Interessen. Die Kultur muß alles aufbieten, um den

Aggressionstrieben der Menschen Schranken zu setzen, ihre Äußerungen durch psychische Reaktionsbildungen niederzuhalten. Daher also das Aufgebot von Methoden, die die Menschen zu Identifizierungen und zielgehemmten Liebesbeziehungen antreiben sollen, daher die Einschränkung des Sexualtriebes und daher auch das Idealgebot, den Nächsten so zu lieben wie sich selbst, das sich wirklich dadurch rechtfertigt, daß nichts anderes der ursprünglichen menschlichen Natur so sehr zuwiderläuft. Durch alle ihre Mühen hat diese Kulturbeschreibung bisher nicht sehr viel erreicht. Die gröbsten Ausschreitungen der brutalen Gewalt hofft sie zu verhüten, indem sie sich selbst das Recht beilegt, an den Verbrechern Gewalt zu üben, aber die vorsichtigeren und feineren Äußerungen der menschlichen Aggression vermag das Gesetz nicht zu erfassen. Jeder von uns kommt dahin, die Erwartungen, die er in der Jugend an seine Mitmenschen geknüpft, als Illusionen fallen zu lassen, und kann erfahren, wie sehr ihm das Leben durch deren Übelwollen erschwert und schmerzhaft gemacht wird. Dabei wäre es ein Unrecht, der Kultur vorzuwerfen, daß sie Streit und Wettkampf aus den menschlichen Betätigungen ausschließen will. Diese sind sicherlich unentbehrlich, aber Gegnerschaft ist nicht notwendig Feindschaft, wird nur zum Anlaß für sie mißbraucht ...

»Die Schicksalsfrage der Menschenart scheint mir zu sein, ob und in welchem Maße es ihrer Kulturentwicklung gelingen wird, der Störung des Zusammenlebens durch den menschlichen Aggressions- und Selbstvernichtungstrieb Herr zu werden. In diesem Bezug verdient vielleicht gerade die gegenwärtige Zeit ein besonderes Interesse. Die Menschen haben es jetzt in der Beherrschung der Naturkräfte so weit gebracht, daß sie es mit deren Hilfe leicht haben, einander bis auf den letzten Mann auszurotten. Sie wissen das, daher ein gut Stück ihrer gegenwärtigen Unruhe, ihres Unglücks, ihrer Angststimmung. Und nun ist zu erwarten, daß die andere der beiden ›himmlischen Mächte‹, der ewige Eros, eine Anstrengung machen wird, um sich im Kampf mit seinem ebenso unsterblichen Gegner zu behaupten. Aber wer kann den Erfolg und Ausgang voraussehen?«

Maßgebende Psychoanalytiker der Gegenwart haben das dualistische Triebkonzept Freuds aufgegeben, ja man stellt die Frage, ob Triebe überhaupt angeboren sind. Am einleuchtendsten scheint folgende Erklärung zu sein: Vorgegeben sind eine primäre, undifferenzierte Energie (Freud hatte bereits 1923 eine »indifferente, verschiebbare Energie« angenommen) sowie ererbte sensomotorische Verhaltensmuster. Erst auf Grund transaktionaler Erfahrungen (Lust – Unlust) entwickelt sich das, was wir »Triebe« nennen.

Wolfgang Loch
Libido und Aggression

Müssen wir mit Freud an der Auffassung festhalten, daß die beiden Grundtriebe, Lebenstrieb und Todestrieb, deren psychologische Manifestationen durch die Fachausdrücke »Libido« und »Aggression« gekennzeichnet werden, jedem von uns in einer erblich festgelegten Quantität innewohnen? Ist im besonderen die destruktive Aggression eine Urtatsache bei den Menschen, wie vielleicht auch bei den Tieren, ein unerläßlicher Preis zur Aufrechterhaltung der das ganze tragenden Ordnung? Ist sie der Reflex eines Todestriebes, der seinerseits irgendwie das Gesetz des Weltalls spiegelt, gemäß welchem letztlich alles dem Zustand größter Wahrscheinlichkeit, dem Chaos, und demgemäß alles Lebendige dem Tod zutreibt? Oder ist die zerstörerische Aggressivität, zumindest ihr übermäßig bedrohliches Hervorbrechen, Produkt einer Erziehung, die bisher »falsch« genannt wird, wenn sie zu aggressiv-destruktiven Akten gegenüber den Mitgliedern der Intim- und Kleingruppe führt, »richtig« und »lobenswert« aber, insofern sie den einzelnen befähigt, im Bündnis mit seiner Gruppe seine und deren Feinde zu vernichten?
Wir können hier hinsichtlich der Genese aggressiv-destruktiver Reaktionsformen nur einiges andeuten: Die Neigung, direkt oder indirekt zerstörerische Aggressionen gegen Mitmenschen zu planen und auszuüben, ist nach einer heute auch in psychoanalytischen Kreisen vielfach anerkannten Meinung tatsächlich kein Merkmal einer ewigen Natur des Menschen, das sich spontan und zwangsläufig realisiert, sie ist Ergebnis einer schlechten, einer schlimmen Entwicklung

des einzelnen wie der Gesellschaft. Der Akzent liegt – und das muß beachtet werden, um gröbere Mißverständnisse zu vermeiden – auf *zerstörerischer* Aggression, denn auch ein bloß aktives Verhalten könnte, wenn man so will, aggressiv genannt werden, bliebe aber, so lange es nicht auf eine Zerstörung des Partners zielt, durchaus im Dienste des Lebenstriebes, der Libido. Diesen destruktiven, den Partner schädigenden Charakter wird aber ein Verhalten erst dann annehmen, wenn die ihm geltenden, sich ihm positiv zuwendenden Strebungen vereitelt, d. h. insofern Frustrationen gesetzt werden, oder wenn ihm vom anderen direkt Schmerzen zugefügt werden. In beiden Fällen bedeutet das, durch ein bestimmtes Benehmen der Umwelt wird dem Individuum *Leid* verursacht. Da sich nun, wie wir heute sicher wissen, unsere fundamentalen sozialen Verhaltensformen und Reaktionsweisen in unserer frühen Kindheit, in den Prägephasen der psychischen Entwicklung herausbilden, gilt, daß je mehr ein kleines Kind durch diejenigen leiden muß – wobei es noch wichtig ist anzumerken, daß auch extrem verwöhnende Milde über die Erzeugung von frühen Schuldgefühlen Versagungen setzt und Leiden schafft –, denen seine aus seiner Abhängigkeit geborene frühe Liebe sich zuwendet, um so eher und in so größerem Umfang wird es die Neigung entwickeln, mit zerstörender Aggressivität gegen eben die Urheber der sie leiden machenden Erfahrung zu reagieren. Und ferner, je »härter« bzw. je »weicher« und das heißt insgesamt je »unvernünftiger«, nämlich im Sinne einer optimalen Ermöglichung der psychischen Formwerdung und des zukünftigen Verhaltens, die Methoden, die die Autoritätspersonen zur Anwendung bringen, um den Heranwachsenden in die Spielregeln der gerade herrschenden Gesellschaftsstruktur einzupassen, um so gefügiger das Produkt, der so erzogene Mensch. Aber gerade deshalb wird er auch um so mehr mit verdrängten, verinnerlichten Aggressionen angefüllt sein. Das aber kann weder für ihn selbst noch für seine Umwelt ohne Folgen bleiben. Für ihn selbst, wenn er die zerstörerische Aggression nach innen wendet, für die Umwelt, insofern er sie gegen seine Mitmenschen lenkt. Das letztere tun bekanntlich manche Menschen auf eigene Faust und verdienen sich so den Titel eines Soziopathen oder Delinquenten. Gar nicht selten, sondern sogar mit erschreckender Häufigkeit werden

die Produkte der skizzierten »falschen« Erziehung von Demagogen und ideologischen Diktaturen in Dienst gestellt. Durch diese »gerechtfertigt« werden die so »programmierten« Menschen ihre durch Kindheitserfahrungen internalisierten destruktiven Aggressionen bei »passender« Gelegenheit in organisierten Kollektivveranstaltungen abführen, die die Ausrottung des durch die Ideologie definierten Gegners zum Ziel haben und gleichzeitig eine Glorifizierung der eigenen Weltauffassung implizieren, womit latent vorhandene Schuldgefühle kompensiert werden. Bekanntlich haben wir zu derartigen Zwecken ziemlich wirksame und höchst raffinierte Techniken entwickelt.
Worin besteht unsere Hoffnung? In dem, was S. Freud 1930 schrieb? Können wir darauf vertrauen, daß der ewige Eros als anonyme Macht verstanden uns hilft? Oder müssen *wir* nicht alle Anstrengungen machen, den »Gott«, die »himmlischen Mächte« zur Realisation zu bringen?

Die Erhellung dessen, was das Böse ist, führt zu Fragestellungen, die an die Philosophie weitergegeben werden müssen. Am Schluß dieses Abschnittes steht ein Beitrag, der das Wagnis unternimmt, diese Aufforderung anzunehmen.

Gottfried Edel
Über das Böse – ein ontologischer Versuch

> Etwas wie uranfängliche Bosheit
> herrscht im Lebensfeuer.
> Antonin Artaud
>
> Wir sehen jetzt durch einen
> Spiegel rätselhaft.
> Paulus

Aufgabe einer Ontologie des Bösen ist nicht primär das Böse, das jemand tut oder jemandem widerfährt, am geforderten oder erwünschten Guten zu messen, um es als dessen Gegensatz oder gar als seinen Mangel zu bestimmen; es gilt vielmehr den Versuch, die böse Tat und das böse Geschick ins Verhältnis zu jenem Hintergrund zu setzen, der jenseits aller greifbaren Erscheinungsformen von Gut und Böse liegt und in ihnen – so oder anders – sich ausdrückt und ohne dessen Einbeziehung ins Denken es (um Beispiele zu nennen) weder Kosmologie noch Moraltheorie, weder Orientierung noch Resozialisierung gibt.

I.

Der Hinweis von C. G. Jung, »der Gegensatz zwischen Hell und Gut einerseits und Dunkel und Böse andererseits« sei »das eigentliche Weltproblem, welches vorderhand noch ungelöst ist« (Einleitung in die religionspsychologische Problematik der Alchemie), erscheint – Problematisches anzeigend – in sich selbst problemgeladen und gibt Anlaß, einigen Hauptschwierigkeiten und Grundgesichtspunkten im Fragenkreis des Bösen nachzugehen.

1. Was denn wird in jenem »Gegensatzpaar« einander gegenübergestellt? »Böses« z. B. erscheint uns immer nur im trüben Spiegel einer kriminellen Tat, im verwirrenden Prisma grauenvoller Geschicke. Was aber bleibt, wenn das Verbrechen kriminalbiologisch oder psychopathologisch analysiert wird, unter endogenen und exogenen Deformationen als »böser« Kern der Tat? Welchen nachprüfbaren Anteil hat ein »böse« zu Nennendes an geologischen oder klimatologischen, physikalisch »plausiblen« Naturkatastrophen, durch die ein Mensch, eine Stadt, eine fruchtbare Ebene mit Feuer vernichtet, unter Schlamm begraben, in reißenden Fluten ertränkt wird?

Der Nachweis des Bösen ist methodisch und definitorisch schwer. Doch daß im Scheitern der Menschen, im Geflecht von Schicksal und Schuld, im Antlitz jener grauenvollen Majestät, die – Kriegsbrände entfachend, krebszerwühlte Leiber durchröchelnd, Fieber tödlicher Verzweiflung hauchend – »armselige Sterbliche auf den Amboß legt und zerschmettert« (Edward Gordon Craig), ein Böses liegt und wirkt, empfindet nicht nur der Betroffene selbst, es überfällt mit Grauen, rührt mit Schrecken an auch den zuschauenden, nachdenklichen Menschen, und unabweisbar stellt sich der Gedanke ein, was da geschieht, getan und erlitten wird, sei kein bloßer Defekt unserer sonst besten aller denkbar guten Welten, sondern Manifestation einer Macht, die – neben anderen Mächten – unser Leben umgibt und das All erfüllt.

Eine Ontologie des Bösen bezeichnet mit diesem Wort eine

Realität, die – wie entsprechend das Gute – sich in Produkten und Qualitäten, Moral- und Sozialbegriffen kundtut und niederschlägt und zugleich mehr ist. Gleich überzeugend teilt sie sich in Prozeß- und Parlamentsprotokollen wie in Mythen und Kosmogonien mit und bedarf – soll das schrecklich Erfahrene und poetisch Gedeutete adäquat definiert und Objekt ontologischer Betrachtung werden, einer Terminologie, deren Begriffe angemessen transparent und flexibel, stimmig und fügig sind und die das Böse sowohl in allen seinen Bedeutungsgehalten als auch nach jener Beziehungsvielfalt sich ausdrücken läßt, durch welche es in sich selbst (empirisch und metaphysisch) differenziert ist und zu anderem (im Verhältnis zum Guten, zum Sein, zum Seienden) korrelationiert wird.
Zur Kennzeichnung beider (ontologisch gleich relevanten) Bereiche des Bösen, des Metaphysischen und des Empirischen, behält man, rücksichtlich der beide Male empfundenen Fremdheit und Gewalt (unbegreifbar – ineffabile – hier, handgreiflich – manifestum – dort), tunlichst den (naiven) Begriff »das Böse« bei.
Zur Bezeichnung des Unterschieds der Bereiche, d. h. der metaphysisch-empirischen Ambivalenz des Bösen (nur das Gute ist univok!) diene das eine Mal – für den metaphysischen Bereich – das Begriffspaar »dunkel – unstet« (das metaphysisch Böse ist nicht nur geheimnisvoll – fascinosum –, sondern auch schrecklich – tremendum), womit seine Korrespondenz mit dem metaphysisch Guten als dem »hell-festen« verbalisiert wird; das andere Mal – für das empirisch Böse, das dem metaphysisch Bösen damit negativ »entspricht« – der Doppelbegriff »verwirrend-vernichtend«, womit es (wie die klassische Definition des »Teufels« – Lügner und Mörder – derjenigen Gottes – Wahrheit und Liebe) dem empirisch Guten gegenübergestellt wird, das »erhellend-festigend« ist und dem metaphysisch Guten damit positiv entspricht. (Wenn es im folgenden um die metaphysische Bedeutung der Begriffe Gut und Böse geht, werden sie groß geschrieben, im Fall ihrer empirischen Bedeutung klein.)
2. Wirklich gelte, wie C. G. Jung sagt, daß das »eigentliche Weltproblem« die Verhältnisbestimmung von Gut und Böse ist und eine Ontologie des Bösen ohne Gegenüberstellung des Bösen mit dem Guten nicht entwickelt werden kann.

Doch wer beweist, daß die Beziehung zwischen Gutem und Bösem »gegensätzlicher« Art sei? Das ist schon im Bereich der Empirie nicht leicht. Zwischen einem Backenstreich und dem Kosen der Wange besteht ein Gegensatz nur hinsichtlich der äußeren Aktion, die Motive des Täters (und die Empfindungen des Empfängers) können in beiden Fällen die gleichen sein.
Während Liebe und Mord, Wohlsein und Elend immerhin als gut und böse erfahrbar und als *empirische* Gegensätze nicht zu bestreiten sind, bedarf der Gut-Böse-Dualismus, der, altpersisch-spätjüdischen Ursprungs, in christlichen Denkmodellen auch die *Metaphysik* von jenem Gegensatz her konstituiert (und damit moralistisch verdünnt und rationalistisch durchlöchert), aufmerksamer Kritik. Man sicherte den offiziellen Monismus und Monotheismus philosophisch mittels der »privatio boni« (das Böse als »Eigentlich-nicht-Realität« und Folge des jeweiligen Mangels an Gutem), theologisch durch die Unbotmäßigkeit Satans (des Bösen Prinzip als Abfall und Aufstand gegen den All-Einzigen) abstrakt und durchaus provisorisch ab und faßte das Mysterium selbst, den hell-dunklen Hintergrund menschlichen Tuns und Erleidens, stillschweigend in zwei gegensätzliche Teile: einen, Gott als das summum bonum und liebenden Vater, der zum Gegenstand der Verehrung wurde, und einen andern, »Widersacher« und ganz und gar Bösen, den man mit aller Kraft aus dem Seelenhaushalt verdrängte. Diese Polarisierung des *metaphysisch* Gut-Bösen wäre unmöglich gewesen, hätte man nicht (einengend) Gott auf jenen Moral- und Qualitätsbegriff festgelegt, der das gute *empirisch* bestimmt, wodurch der »Teufel«, eine – wie gezeigt werden wird – von Haus aus *empirische* Größe (und metaphysische Unmöglichkeit), zum Antipoden Gottes (also zur Metaphysik) aufstieg und der »Himmel« (der Bereich des metaphysisch Gut-Bösen) zum Kampfplatz des in Gott und dem »Teufel« personifizierten empirischen guten und bösen wurde.
Daß Gut und Böse – als Wertbegriffe empirischer Sittlichkeit zu Recht auch im Rechtsdenken kontradiktorisch benutzt – in einem tieferen Bereich des Seins und der Erkenntnis wurzeln, wo ihr Gegensatz aufhört, wurde, seitdem der Mensch über sich, Gott und die Welt nachdenkt, immer wieder von Dichtern des »Dunkels« besungen, von religiösen Vorläufern

bekannt. Die einheitliche Organisation des Seinsgrundes und damit des metaphysisch Guten und Bösen aber hat – denn nur sie garantiert den Zusammenhang alles Seienden und den endlichen Wohlstand aller Dinge – darüber hinaus das Gewicht eines philosophischen Axioms und eines Postulats der Menschenwürde: Wir kennen das Ziel, aber wir müssen den (ontologischen) Weg noch finden, der dahin führt, und um das Verhältnis »Gut-Böse« in seinem Doppelaspekt von Metaphysik und Empirie, als duale Identität in dem einen und tragischen Gegensatz im andern Bereich begreifbar zu machen, muß das bis jetzt ganz ungenügende Begriffsinstrumentarium durch weitere Erkenntnismittel ergänzt und der Theorienhorizont durch neue Gesichtspunkte erweitert werden.

Nicht als Lösung (vielleicht ist das Gut-Böse-Verhältnis gar keine »lösbare« Frage, sondern eine unlösbare Antwort?), aber als Beitrag zur phänomenologischen Artikulation und ontologischen Disposition des Problems können – mit notwendigem Vorbehalt – Analogien dienen, wenn sie – wie die folgende aus dem Bereich der Physik – Raum zur Abgrenzung lassen: So wie das Superfeld der kontinuenten Raum-Zeit den beiden (unterschiedenen, wenn immer komplementär ineinander wirkenden) Feldarten von Gravitation und Elektromagnetismus als homogenes und universales (wenn immer im Bereich der Meßinstrumente dual notiertes) Kontinuum »gegenübersteht«, so erscheint auch die metaphysische Gut-Böse-Einheit gegenüber der (unterschiedenen und kontradiktionär gegeneinanderwirkenden) empirischen gut-böse-Zweiheit als homogene und universale (wenn immer im Bereich der Empirie konträr empfundene) Feldqualität jenes Grundes, der alles trägt, in dem sich alles assoziiert und differenziert, in dem auch die Motivation der Freude über empirisch gutes und der Schmerzen, der empirisch böses auslöst, zu suchen sein wird.

II.

Das Verhältnis zwischen Gut und Böse sei – wie im Sinne von C. G. Jung wiederholt werden muß – das »eigentliche Weltproblem«. Dann erscheint das Verhältnis zwischen der metaphysischen Einheit von Gut und Böse und dem empirischen Gegensatz von gut und böse als das eigentliche Problem des *Menschen*. Dies aber tritt augenscheinlich bei C. G. Jung – zumindest in ontologischer Hinsicht – hinter dem anderen zurück, wodurch er sowohl in der Verhältnisbestimmung des Guten und Bösen (mangelhafte Differenzierung des metaphysischen und des empirischen Aspekts im Zusammenhang mit dem Archetypus des »Selbst«) als auch in der Beschreibung des Weges zur Ganzheit (mißverständliche Motivierung der Annahme des Bösen durch den Menschen) zu teilweise anfechtbaren Konsequenzen gelangt.

Auch die im ersten Teil verwandten Denkmodelle reichen, setzt man sich eine ontologische Verhältnisbestimmung des metaphysischen und des empirischen Aspekts des Guten und Bösen, d. h. eine treffende und brauchbare, Ursprung, Wesen und Bedeutung umfassende Beschreibung des den Menschen unmittelbar tangierenden guten und bösen auf dem Grunde jener Gut-Böse-Einheit zum Ziele, nicht aus: Wohl besteht – im gegebenen Beispiel – zwischen dem Felddualismus der Masse-Energie-Konfigurationen und der Homogenität der gekrümmten Raum-Zeit ein überzeugender Zusammenhang, aber den metaphysischen und den empirischen Bereich des Guten und Bösen verknüpft – auf der Ebene »rein« logisch-ontologischen Denkens – keine Transformation. In diesem letzten Problempunkt des Guten und Bösen, der – wie gesagt – das »Problem des Menschen« ist und seine Rückbindung in den Seinsgrund betrifft, muß darum er selbst, seine Person, ins ontologische Denken kommen, und es zeigt sich, daß man durchaus auch »ontologisch« bei der Sache bleibt, wenn man – wie im folgenden Teil anhand der abkürzenden, Schwerpunkte setzenden Bildsprache des Mythos – personales und prozessuales Denken zuläßt.

1. Eine metaphysische Wurzel des empirisch bösen deutet sich im hebräischen Mythos vom Sündenfall an (Genesis 3). Die Schlange verheißt dem Menschen, der, dem priesterlichen Bericht zufolge (Genesis 1, 26), nicht Gott-gleich, aber »im Bilde Gottes« und nach seinem »Gleichnis« erschaffen worden ist, er würde, äße er vom Baum der Erkenntnis, »wie Gott, erkennend Gut und Böse«. Entscheidend ist, daß Gott selbst (nachdem der Mensch die Baumfrucht gegessen hat) das von der Schlange Vorausgesagte ausdrücklich als eingetroffen bestätigt: Der Mensch sei wie seinesgleichen geworden: »im Erkennen von Gut und Böse«.

Wenn aber der Mensch, »im Bilde Gottes« und (nach Genesis 1, 31) »sehr gut« erschaffen, durch die eigenmächtige Aneignung der Erkenntnis von Gut *und* Böse Gott in bezug auf das, was die Gottheit irgendwie ausmacht, noch ein Stück näher rückt, durch eben den gleichen Vorgang aber von ihm auch getrennt wird, so muß – ein entscheidender Doppelbefund! – das Erkennen (und damit das Sein) auch des Bösen zum Wesen Gottes gehören, dem Menschen aber wesensfremd sein: »Das Gute befindet sich stets auf der Außenseite, doch die Innenseite ist ein Böses . . .« (Antonin Artaud). Tatsächlich – dies weist auf jenen Unterschied hin – ergreift den Menschen, als ihm die übermenschliche Erkenntnis des Gut-Bösen die Augen aufreißt (Genesis 3, 6 u. 7), ein göttliches Grauen: Er wird – im Angesicht des ihm bis dahin unbekannten Dunkeln – von Furcht befallen (Genesis 3, 10) und beginnt – im Selbstvergleich zu der ihm ungewohnten Schöpfergewalt – sich seines eigenen (nur für den »Hausgebrauch« bestimmten, domestizierten, reproduktiven) Zeugungsvermögens zu schämen (Genesis 3, 7).
Lokalisiert man (ohne weitere Vertiefung in Details) Gut und Böse nach ihrer oben (Teil I) durchgeführten Differenzierung und Korrelationierung in den Bedeutungszentren des analysierten Mythos, so ergibt sich ein ungewöhnliches Bild des empirisch bösen im Verhältnisbereich zwischen Gott und Mensch. Gott erschafft den Menschen als individuelles Abbild (imago) seiner »sichtbaren« (hell-festen) Gott-Gestalt (der Gut-Komponente) seinshaft-empirisch gut, »erhellend-festigend«, d. h. vernunftbegabt und aufrechter Gestalt. Der »unsichtbare« (dunkel-unstete) Gott-Grund (die Böse-Komponente) findet sich in der imago, d. h. in der schöpfungsmäßigen Seins- und Personhaftigkeit des Menschen nicht; an ihr nimmt der Mensch durch sein »Gleichnis«-Sein, jene »Ähnlichkeit« (similitudo) teil, die – wie ein Vergleich des Begriffspaares »Bild« und »Gleichnis« in Genesis 1,26 mit dem entsprechenden des folgenden Verses »Bild« und »männlich-weiblich« andeutet – in der überpersönlichen Gemeinschafts- (Mann und Weib) und Verhältnisbestimmung (Mensch und Welt) des Menschen, d. h. in der jenseits von (empirisch) gut und böse liegenden Struktur seiner Erotik und Kreativität angelegt ist: »dunkel« wird es um den Menschen, als Gott auf ihn, damit aus seiner Rippe Eva würde,

»Betäubung« senkt, »daß er entschliefe« (Genesis 2,21); ins »Unstete« wird er geworfen, als ihn »alles Lebendige des Feldes und des Himmels« umgibt, daß er es benenne und lenke (Genesis 2, 19).

Durch den Sündenfall, jenen »Erkenntnis«-Sturm, in dem ihn das Gute und Böse in Gott überfällt, gerät der Mensch in eine katastrophale Diskrepanz zwischen Sein und Erkennen. Während das Erkennen des Guten in Gott, das der Mensch ja selbst abbildhaft *ist* (imago), ihn zum Bewußtsein seiner Identität im Angesicht Gottes bringt (»deinen Schall habe *ich* im Garten gehört« – Genesis 3,10), stößt ihn die Erkenntnis des Bösen in Gott, das der Mensch nicht ist, sondern nur in Gemeinschaft mit andern und im Verhältnis zu den Dingen gleichnishaft *darstellt* (similitudo), einerseits – wie ein frustrierender Schock (Genesis 3, 7) – ins Bewußtsein seiner »Nacktheit« (das Zeichen jener Gemeinschafts- und Verhältnisstruktur), andererseits (im *Erkennen* des metaphysisch Bösen nach seinem metaphysisch böse-*Sein* gefragt) – Aggressionen weckend – in den Sog der (empirisch) bösen Tat und in den Strudel des (empirisch) bösen Geschicks (dissimilitudo) (»Sinnst du auf Gutes, erhebe dein Haupt. Sinnst du aber Gutes nicht, schon lauert vor der Tür die Sünde, nach dir steht ihre Begier« – Genesis 4, 7).

Die böse Tat (Lüge und Mord) –: ein durch »Erkennen« offenbar gewordener Seinsdefekt, ein Straucheln auf dem Weg zum unbekannten Gott – deus absconditus – (oder auf der Flucht vor ihm), den der Mensch, so sehr er sich erotisch-kreativ bemüht, nie fassen kann, ein Scheitern dessen, der, das Dunkel-Unstete ahnend, über sich hinausgerissen ist und sein eigenes Maß wider Willen und erfolglos, ja sogar schuldig werdend (homo-absconditus) transzendiert; das böse Geschick (Wahnsinn und Elend) –: ein im »Erkennen« sich zeigendes Mißverhältnis, ein Betroffensein des Menschen vom verborgenen Gott (deus absconditus), den der Mensch, so sehr er sich in der Gemeinschaft mit anderen und im Verhältnis zu den Dingen auch quält, nie begreifen kann, ein Überfall des Dunkel-Unsteten auf den, der von ihm nur gepeinigt wird und dennoch von ihm nicht loskommt (vita abscondita).

Nicht ein Mangel an (empirisch) gutem (privatio boni) ist das empirisch böse, sondern ein Mangel an (metaphysisch)

Bösem (privatio mali), und die (usurpatorische) »Erkenntnis« des Guten und Bösen in Gott, d. h. die neue Beziehung zum göttlichen clair-obscur macht den Menschen in seinem Selbst-Sein, in der Gemeinschaft mit anderen und im Verhältnis zu den Dingen zu dem, was er jetzt ist. Das Dunkel-Unstete, das der Mensch »vor dem Fall« nur unbewußt und (empirisch) gut-böse-neutral in seiner Gemeinschafts- und Verhältnisstruktur gleichnishaft darstellte, trifft ihn im Moment der Erkenntnis des Bösen wie ein Blitz für immer auch in seiner imago und strukturiert diese tragisch, d. h. zweifelnd (dunkel) und furchtsam (unstet). Das Hell-Feste aber, das der Mensch bis zum »Sündenfall« ebenfalls nur unbewußt, aber (empirisch) gut in seinem Person-Sein abbildhaft war und widerspiegelte, bindet den Menschen im gleichen Moment, da er es »schluckt« und ahnend begreift, im Gemeinschafts- und Verhältnisbereich seiner similitudo durch ein (endlos frustrierendes und Konflikte auslösendes) Pflichtenschema von Klugheit (hell) und Verantwortlichkeit (fest). So kommt durch die »Verführungskunst« der Schlange (Erkenntnis von Gut und Böse) nicht nur die Sünde und der Tod (das empirisch böse) in die Welt, sondern damit verbunden auch die ich- und tragische Selbsterkenntnis und die Erkenntnis der Lebens- und Seinsverfassung als Aufgabe und Konflikt.

2. Im Licht des Bisherigen erscheint der Sündenfall nicht als zufälliger Aufstand gegen Gott, sondern als dessen eigener Gedanke, den Satan in epochaler Personifikation ins Sein trägt und den der Mensch auf seiner kurzen Reise »noch einmal denkt«. Gott spricht ihn (als unmögliche Möglichkeit mit unendlichen Folgen) wegweisend längst vor dem Sündenfall aus (Genesis 2, 17) und schafft auch die natürlichen Stadien dieses Weges: die Schlange (Verhältnis zu den Dingen) und das Weib (Gemeinschaft mit dem andern). Und während Satan – ein Katalytischer Gott – Impuls auf empirischer Ebene –, dem Menschen prometheisch beibringend, wozu er nicht geschaffen ist, im Augenblick der Realisierung seiner selbst wie ein Blitz vom Himmel stürzt und zu Asche verbrennt (Sündenfall und Engelsturz sind wesensmäßig zusammenhängend und ein gleichzeitiger Vorgang), kommt dem Menschen durch jene Erkenntnisbresche, die die Sünde riß, den Gott-Grund verlassend im Ebenbild der

Gott-Gestalt jene Weisheit und Liebe in ewiger Ankunft entgegen, die den Menschen lehrt, im Angesicht der Gott-Gestalt seine Ich-Gestalt zu gewinnen und im Gegenüber zum Gott-Grund die neue Gemeinschaft mit den anderen und das neue Verhältnis zu den Dingen zu erlangen. Dieser doppelte Weg zur imago und zur similitudo, im Widerspiegeln der Gott-Gestalt und in der Hinkehr zum Gott-Grund, erscheint in diesem Licht als der Weg zum »Heil«, d. h. zur Ganzheit des Menschen und zur Einheit des Menschen mit seinesgleichen und der Welt.

Das Problem der Integration des Bösen

Wie ist es möglich, das Problem des Bösen zu bewältigen? In unserer Zeit liegt der Schwerpunkt auf der Anstrengung, gesellschaftliche und politisch-ökonomische Verhältnisse mit der Absicht zu verändern, Voraussetzungen dafür zu schaffen, daß das Böse, »Unmenschliche« mehr und mehr abgebaut werden kann. Dabei kommt – wie Jürgen Habermas gezeigt hat – dem »technokratischen Bewußtsein« der spätkapitalistischen Gesellschaft eine entscheidende Rolle zu: »Das technokratische Bewußtsein ist einerseits ›weniger ideologisch‹ als alle vorangegangenen Ideologien, denn es hat nicht die opake Gewalt einer Verblendung, welche die Erfüllung von Interessen nur vorspiegelt ... Andererseits ist die heute dominante, eher gläserne Hintergrundideologie, welche die Wissenschaft zum Fetisch macht, unwiderstehlicher und weitreichender als Ideologien alten Typs ... Der ideologische Kern dieses Bewußtseins ist die Eliminierung des Unterschieds von Praxis und Technik ... Die neue Ideologie verletzt mithin ein Interesse, das an einer der ... fundamentalen Bedingungen unserer kulturellen Existenz haftet: an Sprache, genauer an der durch umgangssprachliche Kommunikation bestimmten Form der Vergesellschaftung und Individuierung« (Technik und Wissenschaft als ›Ideologie‹, 1968).

Im ersten Teil dieses Abschnittes soll ein extremer Versuch der Bewältigung des Bösen im Sinne einer »Ideologie alten Typs« zur Darstellung gelangen: der Exorzismus, jene rituelle Austreibung des Bösen, wie sie seit uralter Zeit bei allen Völkern Brauch war (siehe den Beitrag von Colpe) und – wie die Evangelien bezeugen – auch in das Christentum hineingenommen wurde.

Der Katholizismus hat den Exorzismus zu einem feierlichen Ritual ausgebaut: Wie Jesus es tat, wird – in seinem Namen – dem Teufel bzw. den bösen Geistern befohlen, aus besessenen Menschen auszufahren. Im Protestantismus wurde Johann Christoph Blumhardt in Bad Boll zu einem berühmten Exorzisten. Der Dichterarzt Justinus Kerner erforschte eingehend das Phänomen der Besessenheit. Bis in die heutige Zeit werden nicht nur in Sekten, sondern auch in der katholischen Kirche Exorzismen durchgeführt, wie der folgende Fall demonstriert.

Authentischer Bericht über den Besessenheitsfall in St. Martin a. Raab, Eisenberg im Burgenland

1. Punkt: Samstag nachmittags, den 5. Oktober 1968, kamen wir beim Hause der Familie Lex in Eisenberg an. Fräulein Berta, im 26. Lebensjahre, eine ehrenhafte Jungfrau aus sehr geachteter, religiöser Familie, sonst gesund an Leib und Geist, aber seit ungefähr 4 Jahren zuerst von Dämonen umsessen, dann nachweisbar besessen, stieg ruhig aus dem Auto und schaute sich um. Wie sie die eiserne Umzäunung des Rasenkreuzes erblickte, begann der Dämon in ihr plötzlich fürchterlich zu toben und zu schreien. Es bedurfte der gemeinsamen Kraft dreier Personen, um die Besessene zum Kreuz zu bringen.

Zum rechten Verständnis sei hier vermerkt: Zur Zeit der dämonischen Krise ist der freie Wille des Menschen aufgehoben, und der Dämon hat die volle Herrschaft über Leib und Geist der besessenen Person. Der Mensch weiß nachher in der Regel nichts von alledem, was er in dieser Zeit getan und gesprochen hat.

Wir waren auf Bitten des Mädchens und seiner Eltern als deren Begleiter hierhergekommen, um beim Bodenkreuz zu beten und mit Erlaubnis der Frau Lex dort den Exorzismus, ein kirchliches Sakramentale, zu spenden. Hatte doch der Dämon bei einem früheren Exorzismus am 22. September 1968 im Karmel zu Rankweil auf die Frage: »Wo wirst du ausfahren?« geantwortet: »Im Burgenland!«. Und auf die weitere Frage: »Wo im Burgenland?«, sprach er: »In Martin!«, denn der Teufel spricht das Wort »Sankt« = heilig, niemals aus. Zudem war der Name St. Martin unserem Mädchen ganz unbekannt.

Es muß hier noch betont werden: Auf öfters wiederholten energischen Befehl des Exorzisten: »Im Namen Jesu usw.« wird der Dämon gezwungen, zu antworten. Nur lügt er sehr gerne.

So hofften die Eltern, daß, so es Gottes Wille wäre, ihre Tochter hier vom Dämon befreit würde. Was tut man nicht alles für ein gutes Kind! Auch Fräulein Berta verlangte, zum Kreuz nach Eisenberg zu kommen. Nur wenn der Teufel sie ihrer Freiheit beraubte und aus ihr sprach, sträubte sie sich energisch: »Ich gehe nicht, ich will nicht!«

Beim Kreuz angekommen, spuckte sie, die im Zuge so schön mitgebetet hatte und sonst echt fromm ist, sofort durch das Eisengitter auf das Rasenkreuz, streckte voller Verachtung die Zunge so weit als möglich gegen dasselbe heraus und schrie und wiederholte vor Wut: »Mach's kaputt! Ich mach's kaputt!«

Fräulein Berta war anfangs von mindestens fünf Dämonen besessen. Eine anfänglich starke Umsessenheit führte mit der Zeit zur vollen Besessenheit, so daß sie ihren Dienstplatz als Verkäuferin aufgeben mußte. All dies dürfte durch böswillige Verwünschung verursacht worden sein, was an sich nachweisbar möglich ist. Alles Leid aber wurde im Geiste der Sühne für andere getragen. Sprach doch wiederholt eine Stimme im Mädchen: »Willst du leiden?«, was dieses nach kurzem Kampf hochherzig bejahte.

Als wir nach Eisenberg kamen, war nur noch ein Dämon vorhanden, jedoch, wie Pfarrer Hieber von Merazhofen, ausgezeichnet mit der Gabe der Seelenschau, bezeugte, und wir selbst reichlich erfahren mußten, ein ganz wilder. Auf die Frage des Exorzisten: »Wie heißt du?«, nannte er sich »Preuthes« und auf weiteren Befehl: »Im Namen Jesu«, mußte er seinen Namen auch nachweisbar aufschreiben. Wenige Wochen vorher war beim Exorzismus schon ein Dämon ausgefahren. Sein Name im Wortlaut und in Handschrift war »Mongo«, denn wie jeder Engel, so hat auch jeder Teufel als persönliches Wesen seinen Namen. Dies kann auch Pater Fidelis, ein Franziskaner-Provinzial im Elsaß, bezeugen. Diese beiden teuflischen Handschriften tragen das Datum 5. 5. 1968.

Auf Geheiß des Priesters setzten sich die Eltern neben ihre Tochter auf eine Bank vor dem Kreuz. Wohin hätten wir angesichts der Umstände auch gehen sollen! Jetzt begann der große Exorzismus aus dem liturgischen Büchlein des Rituale Romanum. Der Priester betete ihn genau nach Rubriken-Vorschrift. Er hatte dafür Erlaubnis und Auftrag von seinem Heimatbischof. Zuerst kniend die Allerheiligen-Litanei und mehrere Evangelien mit dem Volk in der Muttersprache. Anfangs waren nur 10 bis 12 Personen anwesend. Inzwischen versammelten sich aber 50–60 Besucher. Nun folgten die eigentlichen Exorzismen in lateinischer Sprache und anschließend wieder in Deutsch die vorgeschriebenen Psalmen.

Das Volk, das immer zahlreicher wurde, betete auf Geheiß des Priesters den schmerzhaften Rosenkranz. Es war ein Beten voll Innigkeit für die Befreiung des armen, besessenen Mädchens.
Durch wiederholte Rasereien, Spottworte und Hohngelächter, verbunden mit furchtbaren, entsetzlichen Blicken, wie wohl nur die Hölle sie zeigen kann, wurde der Exorzismus öfters gestört. Zweimal schlug der Dämon dem Exorzisten sogar mit dem Fuß das Buch aus der Hand. Ganz besonders sind auch aufgefallen die vielen »Mongo«-Hilferufe dieses nun letzten sehr hart bedrängten Teufels »Preuthes«. Hat er früher die verwünschende Person zu Hilfe gerufen, so jetzt seinen Mitdämon, der vor ihm ausgefahren war. Es war 15.10 Uhr; es schaute die Besessene plötzlich zur Sonne empor, streckte die Zunge gegen diese nach oben und fing an zu schreien und zu winseln wie ein gequälter Hund. Dadurch aufmerksam gemacht, schauten auch die Leute in die Sonne und sahen besondere Zeichen.
Frau Lex war bis dahin im Hause geblieben und kam nun zu uns herab. Fräulein Berta hatte diese nie zuvor gesehen. Als die bescheidene Frau aber in die Nähe der Besessenen kam, begann der Dämon in ihr besonders arg zu toben. Er beschimpfte Frau Lex in sehr ordinärer Weise und wollte sich mit Gewalt auf sie hinstürzen. Die nächste Umgebung, nämlich die Eltern und der männliche Begleiter, mußten große Anstrengungen machen, um sie daran zu hindern. Jetzt schleuderte Fräulein Berta, von der Wut des Dämon gepackt, die Schuhe von ihren Füßen gegen Frau Lex. Und wie diese sich abermals näherte, spuckte der Dämon ihr ins Gesicht. Ebenso spuckte er wiederholt auch auf den Exorzisten. Also hatte es der Dämon in Fräulein Berta ganz klar und auffällig gerade auf Frau Lex abgesehen. Er hatte diese aus vielen Menschen heraus auch sofort und sicher erkannt.
Dies war der erste Großangriff gegen den Satan, jedoch der wütende Dämon wich noch nicht. Langsam flaute die dämonische Krise ab, die, wohlgemerkt, rein übernatürlicher Art ist und mit Hysterie, Schizophrenie usw., zumal in diesem Falle, gar nichts zu tun hat. Nun war Fräulein Berta wieder das gute und sympathische Menschenkind wie zuvor. Was geschah nun weiter?
Dann betete Fräulein Berta mit uns allen zuerst vor dem

Kreuz und hernach vor dem Bild der schmerzhaften Mutter. Wir ehrten Maria vorzüglich durch den Rosenkranz. Ungefähr 20.30 Uhr wurde noch das Haus der Frau Lex betreten, um den Gute-Nacht-Gruß zu sagen. Jetzt auf einmal meldete sich wieder der Dämon. Er beschimpfte das Haus, Frau und Herrn Lex und drohte, sie zum Sturz und ins Spital zu bringen. Ferner beschimpfte er in ordinärer Weise unseren Begleiter und dessen abwesende Frau. Die Priesterstola nannte er »Fastnachtfahne«, die geweihten Skapuliere »Fetzen«, alles sonst Geweihte war für ihn »Dreck« und das Wasser bei Frau Lex nannte er »Gülla« = Jauche usw.
Auch sei noch bemerkt: Öfters, sowohl im Zug einem fremden Herrn gegenüber, wie auch hier abends und anderntags in der Kirche sprach der Dämon im ost-österreichischen Dialekt. Ebenso hat er bei früheren Exorzismen perfekt in englischer Sprache geantwortet und sogar Aussprachefehler der lateinischen Sprache am übermüdeten Priester höhnend korrigiert. Fräulein Berta hat aber weder Englisch noch Lateinisch gelernt. Ebenso bei einem früheren Exorzismus banden sie mit großer Mühe drei Männer. Ein Moment – und die starken Fesseln waren mit einer leichten Handbewegung gelöst. So könnte aber noch vieles von früher berichtet werden, was einer gelegentlich erscheinenden Broschüre vorbehalten sein soll.

2. Punkt: Sonntag, 6. Oktober 1968. Bei uns wird dieser erste Sonntag im Oktober als Rosenkranzsonntag gefeiert. Also ein Mariensonntag. Und weil der Dämon am 20. 5. 1968 auf die liturgische Frage: »Wann wirst du ausfahren?« geantwortet hatte: »Wann die Marie kommt« und auf die weitere Frage: »Wo wirst du endlich weichen?« gesagt hat: »Wo die Marie kommt – wenn es die Marie sagt« begannen wir den Tag mit neuer Hoffnung und großem Vertrauen.
Schon bei der heiligen Messe in St. Martin wurden wiederholt dämonische Laute vernommen. Der Gang zur Kommunion und die Kommunionspende selbst aber waren nur möglich auf Befehl: »Im Namen Jesu!« An diesem Tag fasteten wir bis nachmittags etwa 16.00 Uhr. Hat doch Christus zu seinen Aposteln gesagt: »Diese Art wird nur durch Gebet und Fasten ausgetrieben.«
Wiederum begann beim Kreuz der große lateinische Exorzis-

mus über Fräulein Berta. Inzwischen wurde wieder viel und voll Inbrunst für das besessene Mädchen gebetet. Dies dauerte mit den gewohnten Störungen von ungefähr 10.00 Uhr bis etwa 14.00 Uhr. Es mag 12.30 Uhr gewesen sein, da schaute die Besessene wie tags zuvor zur Sonne empor. Sie ballte gegen diese ihre Hände zu Fäusten, bellte wie ein Hund und miaute wie eine Katze. Natürlich schauten auch die Leute wieder in die Sonne und sahen wiederum besondere Zeichen.

Auf den Befehl des Exorzisten: »Fahre aus, unreiner Geist, fahre hinab in die Hölle!« kam als Antwort zurück: »Muß nicht, ich muß nicht!« Unsere Gegenantwort war: »Und du mußt! Durch die Fürbitte Mariens möge das Kreuz verherrlicht werden, indem der letzte und hartnäckigste Dämon hier weichen muß«, das war unser wiederholter Flehruf zum Himmel, das war gleichssam unsere Devise. Nun setzte noch der mittlere Exorzismus von Papst Leo XIII. ein, begleitet vom ununterbrochenen Gebet des Volkes. Auf eine weitere liturgische Frage: »Unter welchen Zeichen wirst du ausfahren?« kam die klare Antwort: »Muß liegen, ich muß am Boden liegen.«

Zuletzt wurde das Gittertor zum Rasenkreuz geöffnet, denn die Eltern wünschten, daß ihre Tochter in die unmittelbare Nähe des Kreuzes komme. Der Dämon sträubte sich selbstverständlich dagegen, aber bald war es so weit. Fräulein Berta lag mit dem Antlitz auf dem Rasenkreuz. Es war ein Zustand starker Verkrampfung. Manchmal ging ein Zittern durch ihren Körper. Sonst war sie ziemlich ruhig. Das dauerte eine schwache halbe Stunde. Inzwischen beteten die vielen Pilger den Rosenkranz. Endlich ging Fräulein Berta mit ihren Eltern beruhigt weg. Die dämonische Krisis war vorbei und das Mädchen gegenüber vorher nicht mehr zum Kennen.

Es sei hier noch vermerkt: In Earling, Amerika, wichen am 23. 9 1927 abends 21.00 Uhr vier Dämonen auf einmal. Dort dauerte der Exorzismus durch Abwechslung zweier Priester mit einigen kurzen Unterbrechungen 23 Tage lang.

Also das war unser zweiter Großangriff gegen den Satan. Wir glaubten, es müßte gelingen, aber der äußerst hartnäckige Dämon wollte nicht weichen. Schon meinten wir, ohne den gewünschten Erfolg heimfahren zu müssen. Wir trösteten uns mit dem Gedanken, das schwere Leid der Besessenheit müßte nach Gottes Willen noch weiterhin als Sühne für die Welt getragen werden. Und wir alle waren nicht einmal traurig deswegen. Ja, wir waren ausnahmslos sogar froh gestimmt. Durch den öfteren Exorzismus wird nämlich jede Besessenheit immer mehr geschwächt. Auch bei Fräulein Berta war dies der Fall. Sie konnte durch drei Jahre keinen fremden Dienstplatz mehr versehen. Jedoch nach einigen Exorzismen im Karmel zu Rankweil konnte sie zur größten Zufriedenheit ihrer Herrschaft wieder selbständig einen nicht gerade leichten Haushalt allein führen.

In den vergangenen Jahren haben mehrere Priester über sie den Exorzismus gebetet, den großen wie den mittleren. Wir dürfen hier anführen, und zwar an erster Stelle, den verständnisvollen Ortspfarrer in St. Gallen, ebenso die Pfarrer Leutenegger und Hieber, Provinzial Pater Fidelis, in Italien Pfarrer Don Mario in Montelupo bei Florenz und Pater Salesi in der Provinz Forli. Ebenso Pater Ritter von Lama in Innsbruck. Auch Pater Pio mit den Wundmalen hat zweimal über sie gebetet und andere mehr. Sie alle waren überzeugt von der Echtheit der Besessenheit. In dieser Zeit sind auch die ersten drei Dämonen ausgefahren.

3. Punkt: Es kam der Sonntagabend. Wir lenkten unsere Schritte zur Pietà und beteten den Rosenkranz U. L. Frau von den Tränen, den der Dämon besonders haßte. Hernach den Glorreichen Rosenkranz usw. Nun betete Fräulein Berta mit großer Inbrunst, langsam und sehr eindrucksvoll das 12-Sterne-Kranzgebet aus dem Goldenen Buch des heiligen Ludwig Maria Grignon von Montfort. Plötzlich setzte die letzte dämonische Krisis ein und steigerte sich zusehends. Wir beteten unverdrossen weiter. Es war wie ein Flehen und Ringen. Aber auch in der Heimat, im Kloster Notkersegg bei St. Gallen, wo die Schwester von Fräulein Berta Ordensfrau ist, wie im Karmel zu Rankweil wurde in diesen Tagen viel gebetet und gefastet. Diesmal hat man den großen Exorzismus nicht mehr angewendet, dafür mehrere kurze kraftvolle Beschwörungsformeln.

Ungefähr 20.15 Uhr stieg die Krisis aufs höchste. Das Mädchen schaute plötzlich in südöstlicher Richtung zum Himmel, machte Fäuste nach oben und streckte die Zunge her-

aus usw. Dieser äußerste Kampf dauerte etwa fünf Minuten. Dann flüsterten ihre Lippen: »Jetzt kommt sie!« (gemeint ist Maria). Später sagte sie zu diesen Worten: »Ich fühlte dabei, wie eine riesige Macht auf mich zukam.« Nun zog es den Körper in krampfartiger, starrer Haltung wie fluchtartig nach rückwärts. Der Begleiter hinter ihr hielt sie, sonst wäre sie rücklings gefallen. So sank sie in sich zusammen auf den Boden und lag bleich und wie tot da. Es bewahrheiteten sich die Worte des Dämon: »Muß liegen, ich muß am Boden liegen!«
Nach zwei bis drei Minuten konnte man sie aufheben und sie kniete wieder auf der Bank. Jetzt setzte ein längeres heftiges Weinen und Schluchzen ein. Auf die Frage der Mutter, was los wäre, gab sie zur Antwort: »Er ist gegangen. Ich bin gesund. Merkt ihr denn nicht, daß ich befreit bin?!« Darauf betete der Priester wiederholt, diesmal zur Probe, kurze Exorzismusformeln. Doch das Mädchen reagierte nicht und gab keine Zeichen der Besessenheit mehr. Damit war die Befreiung aus der Gewalt Satans festgestellt. Jetzt kniete sich Frau Lex neben sie. Und siehe, im Gegensatz zur früheren haßerfüllten Begegnung mit ihr, hat Fräulein Berta die Frau feudig und dankbar umarmt.
Es folgte das liturgische Gebet nach der Befreiung und ein jubelndes Te Deum: »Großer Gott, wir loben Dich!« Noch lange wurde aus vielen und dankbaren Herzen gebetet und gesungen. So erfüllten sich jene Worte: »Wo die Marie kommt. Wann die Marie kommt. Wenn es die Marie sagt.« Ja, durch die gütige Fürbitte Mariens, und zwar beim Kreuz von Eisenberg, und zur Verherrlichung des heiligen Kreuzes mußte der letzte und schlimmste Dämon aus Fräulein Berta ausfahren. Nach den letzten Klängen des Liedes: »Heiliges Kreuz, sei hochverehret«, verließen wir die Gebetsstätte. Am Montag, 7. 10. 1968, nach einem letzten Dank und Gruß beim Rasenkreuz, haben wir 5.30 Uhr voll Freude von Eisenberg Abschied genommen.
Dieser Artikel allein beinhaltet und verbürgt die objektive genaue Wahrheit der Tatsache der Teufelsaustreibung in Eisenberg. Mit Gottes und der Gottesmutter Hilfe haben wir nur ein gutes Werk getan und ein schuldloses Menschenkind aus der Gewalt Satans befreit und glücklich gemacht. Auch auf den Probe-Exorzismus am 13. 10. 1968 im Karmel zu Rankweil gab es keine Reaktion.

Es sei nochmals festgehalten, entgegen jeder anderen Meldung: Der Exorzist Friedrich Jussel, Pfarrer in Ruhe, Seelsorger im Karmel zu Rankweil in Vorarlberg, hat die allgemeine Erlaubnis und den allgemeinen Auftrag zum mittleren Exorzismus in Umsessenheitsfällen und zum großen Exorzismus für diesen speziellen Fall an sich bei seinem Bischof persönlich eingeholt. Besondere Umstände allein waren es, die uns nach Eisenberg und zum Rasenkreuz führten. Ich selbst bin nur sehr ungern dorthin gefahren. Für mich war diese Fahrt ein großes Opfer, denn eine liebe Familie hatte mich vor drei Wochen im Auto nach dorten mitgenommen. Jedoch ohne Exorzismus geht kein Dämon. Er allein ist die besondere und kraftvolle Waffe der Kirche, um den Satan zu vertreiben. Nichts quält den Dämon so sehr, wie ein glaubensstarker, demütiger Exorzismus, mit Gebet und Fasten verbunden.
So schrien in Earling die vier Dämonen: »O, es ist nicht mehr zum Aushalten; wir leiden schrecklich, entsetzlich. Hör auf, hör auf; das ist ja das Doppelte und Dreifache der Hölle.« Gewiß mag dies eine Übertreibung gewesen sein, aber sie sagt uns doch viel.
Auch sei noch für Interessenten vermerkt: Zur Orientierung in Besessenheitsfällen gibt es zwei neue ausgezeichnete Werke aus der Feder eines Jesuiten-Fachmannes: »Die dämonische Besessenheit 1963« und »Dämonische Besessenheit heute 1966«, beide von A. Rodewjk SJ, aus dem Verlag Paul Pattloch in Aschaffenburg.
Unterzeichnete Zeugen sind gerne bereit, sofern es die zuständige Behörde verlangen sollte, das, was sie am 5. und 6. 10. 1968 in Eisenberg erlebt haben und hier geschildert wurde, mit einem Eide zu bekräftigen.
NB.: Jede Abänderung oder auszugsweise Vervielfältigung ist nicht erlaubt.

gez.

Friedrich Jussel als Exorzist
Heinrich Vils als Vater
Berta Vils als Mutter
Berta Vils als Befreite
Halbeisen Elmar als Begleiter

Wulf Wunnenberg
Zum Thema Besessenheit

Gefragt, ob die Besessenheit eine Form von Geisteskrankheit sei, muß der Psychiater darauf hinweisen, daß es sich dabei nicht um eine Krankheit im medizinischen Sinne, also etwa um eine Psychose, handelt, sondern – primär jedenfalls – um ein eigenständiges Phänomen. Es kommt zwar zuweilen vor, daß Schizophrene in abergläubischer Umgebung als Besessene verkannt werden; richtig informierte Pfarrer werden jedoch diese Kranken dem Arzt zuführen. Im übrigen wurde bereits im Mittelalter unterschieden zwischen der – exquisit religiös verstandenen – Besessenheit und dem, was man als Irrsinn oder Narrheit erkannte.

Trotz seiner Unzuständigkeit für metaphysisch-religiöse Gehalte kann der Psychiater zwar nicht diesen Ursprung, wohl aber die seelischen Entstehungsbedingungen vieler Besessenheits-Ereignisse aufzeigen. Dergleichen wird von allen Völkern und zu allen Zeiten berichtet: Die Schilderungen laufen im wesentlichen immer wieder auf die gleichen, typischen Vorgänge hinaus, die wir bei Fräulein Berta kennengelernt haben oder aus Pfarrer Blumhardts Bericht.

In der abendländischen Gegenwart treten nur noch solche Menschen als Besessene (im religiösen Sinne) auf, die – erstens – in mittelalterlich geprägter Dämonenfurcht leben und die – zweitens – von Menschen umgeben sind, welche diese Furcht teilen oder sich von ihr anstecken lassen. Das sind z. B. Katholiken besonderer Art oder Randgruppen des Protestantismus; vor allem schwäbische Pietisten und geistesverwandte schweizerische Sekten. Auch diese, während der letzten Jahre im deutschen Sprachraum bekannt gewordenen, »Besessenen« waren (genau wie im klassischen, u. a. von A. Huxley geschilderten, Fall der Ursulinerinnen des Klosters Loudun im 17. Jahrhundert) auffallend häufig jüngere, sexualabstinente Frauen, bei denen der uneingestandene Drang zu erkennen oder zu vermuten war, mehr zu erleben und mehr zu bedeuten, als die eigene Substanz hergab.

Fräulein Bertas seelische Vorgeschichte ist zwar nicht bekannt, von ähnlichen Fällen wissen wir jedoch, daß dem Ausbruch der akuten Erscheinungen ein jahrelanger, unbewußter Konflikt des später »besessenen« Mädchens voraus-

ging zwischen religiöser Selbstverpflichtung zur »Reinheit« und der Unfähigkeit, diese sexuelle Abstinenz innerlich zu bewältigen.
Wenn dann ein Mann die Szene betritt, der zugleich erotisch attraktiv und sozial unerreichbar ist (Vorgesetzter, Pfarrer und dergleichen), so treten auf der spannungsgeladenen, allmählich überhitzten, seelischen Bühne jene »Dämonen« in die vermeintliche Erscheinung, die in Wahrheit abgespaltene, aus dem Bewußtsein verdrängte, Teile der eigenen Psyche sind. Hinzukommen muß die Verkennung dieser Projektionen durch wichtige Beziehungspersonen des Mädchens, etwa durch Angehörige oder gar durch den betroffenen geistlichen Herrn selbst. Das Theater der Besessenheit braucht Mitspieler – wie jede klassische Hysterie.
Wir sehen also die Tendenz der »Befallenen«, in den Mittelpunkt zu rücken, die suggestiven Interaktionen mit der Umgebung, explosive Körperbewegungen (»Krämpfe«, Zuckungen), Herausschreien sonst tabuierter (Wunsch-)Gedanken, sowie Aggressionen aller Art. Diese extreme Affektspannung scheint Unerklärbares zu ermöglichen, wie z. B. das Erraten fremder Gedanken. Hieraus darf aber nicht auf eine sogenannte echte Besessenheit (im Sinne der Kirchenlehre des noch gültigen Rituale Romanum aus dem Jahre 1614) geschlossen werden. Abgesehen davon, daß nüchterne Untersuchung oft Informationszuflüsse zum »Erratenen« aufdeckt, kommt solches »Wissen« um seelische Vorgänge in anderen Menschen auch ohne alle »Besessenheit« vor: Die Parapsychologen nennen es Telepathie, können jedoch keine herkömmliche wissenschaftliche Erklärung für sein Zustandekommen geben. Im Magnetfeld der Dämonengläubigkeit verstärkt solches Nicht-Wissen die Überzeugung, daß Teufel in den Körper des Besessenen »eingefahren« sind.
Wer Hilfe geben will, muß sich darüber klar sein, daß jeder Exorzismus bei einer hysterischen Besessenheit das Übel verlängert. Vor allem leibnahe, häufig wiederholte Austreibungs-Zeremonien fordern zu immer neuen abnormen Produktionen heraus: Die »Dämonen« treiben ihr Wesen immer üppiger. Das bedeutet zunehmend seelische, zuweilen auch körperliche, Schädigung des agierenden Mädchens; am Ende zeigen sich Erschöpfung und Bewußtseinstrübung auch bei den seelisch induzierten »Mitspielern«.

Unabhängig von religiöser Bewertung sollte daher jeder unter Besessenheits-Erscheinungen Leidende baldmöglichst von einem Psychiater untersucht werden. Nicht jeder Laien-Exorzismus beschränkt sich nämlich auf Gebetshandlungen. 1966 starb bei Zürich die 17jährige Bernadette Hasler an den brutalen, pausenlosen Stockschlägen, mit denen vier Sektierer ihr den »Teufel« austreiben wollten, angeheizt von wahnhaft verbogenen religiösen Vorstellungen. Im Banne magischer Dämonenfurcht können groteske Gebärden rasch in schauerlichen Fanatismus umschlagen. Wer mittelalterliche Teufel an heutige Kult-Wände malt, bleibt für seine Predigt gerade dann verantwortlich, wenn er nicht bloß allegorisch, sondern sehr wörtlich beim Wort genommen wird.

Gibt es eine Möglichkeit, das Böse nicht zu verdrängen, sondern einen Integrationsprozeß herbeizuführen, der sowohl das Böse wie aber auch das, was bisher als gut angesehen wurde, verwandelt? Dies geschieht in der Psychoanalyse als Therapie. In ihr wird ein wesentlicher Beitrag zu der Herstellung der von Habermas genannten fundamentalen Bedingung unserer Existenz geleistet: Vergesellschaftung und Individuierung mit dem Ziel sprachlicher Kommunikation.
Im folgenden, letzten Beitrag wird anhand eines Falles aus der Kinderstation einer psychotherapeutischen Klinik die Ermöglichung einer analytischen Verarbeitung des Bösen gezeigt und erläutert.

Werner Schwidder

Über die Integration des Bösen in der Tiefenpsychologie und Psychotherapie

Fernseh-Drehbuchtext

Das Böse unter tiefenpsychologischem Aspekt wird am besten betrachtet werden können, wenn ein Beispiel als Ausgangsbasis gewählt wird. Der krankhaft erscheinende Ausbruch des Bösen bei einem neunjährigen Mädchen soll zeigen, auf welchem Weg die Tiefenpsychologie zu ihren Erfahrungen und Schlußfolgerungen gelangt, die zur herkömmlichen, klassischen Ethik des vorigen Jahrhunderts und zur Erziehungspraxis in diametralem Gegensatz stehen.

9-jähriges Mädchen sitzt vor dem bunten Testkasten mit Spielmaterial (Szeno-Test).

(1. Sprecher): Dieses Mädchen spielt mit einem Testbaukasten. Sie wurde in der psychotherapeutischen Klinik aufgenommen, weil die Familie das »böse« Verhalten des Mädchens nicht mehr ertragen konnte.

Sie sucht in dem Spielmaterial unter den Figuren, nimmt dann die Großmutter-Figur in die Hand, betrachtet sie ein Weilchen und legt sie wieder zurück in den Kasten.

Sie nimmt dann den Liegestuhl, stellt ihn auf und legt die Baby-Figur hinein. Sie betrachtet das Aufgebaute, nimmt dann das Baby wieder heraus und legt ein größeres Mädchen in den Liegestuhl.

Das Mädchen begann eines Tages in die Hosen einzunässen und einzukoten, sie beschmierte dann auch andere Betten und Gegenstände mit Kot. Sie begann dann Schulbücher, Federtasche und andere Sachen der Geschwister und der Eltern im Garten zu verstreuen und in

Sie nimmt das Mädchen wieder heraus und legt noch einmal das Baby hinein.
Dann stellt sie die Arztfigur und das Dienstmädchen an die Seite des Liegestuhls.
Sie setzt dann wieder die Großmutter in den Liegestuhl, die dem Baby die Flasche zu trinken gibt.

Außerhalb dieser Szene baut sie eine kleine Mauer, stellt das Klo dahinter, setzt das größere Mädchen darauf.

die Toilette zu werfen.
Obwohl sie dafür verprügelt und streng beaufsichtigt wurde, richtet sie in unbewachten Augenblicken immer mehr Schaden an. Sie wirft Kleidung der Eltern aus dem Fenster oder steckt sie in die Mülltonne. Abends gießt sie den Topf mit Urin über dem Deckbett der schlafenden Schwester aus.
Auf die strengen Fragen des Vaters, warum sie das tut, antwortet sie bedrückt und mit todernstem Gesicht: »Aus Spaß«.
Prügel, Schimpfe, Ermahnungen und strenge Aufsicht fruchten nichts. Der Vater berichtete (2. Sprecher): »Die Zerstörungen nahmen ein immer größeres Ausmaß an. Obwohl sie nachts im Bett angebunden wurde, gelang es ihr eine Schere einzuschmuggeln und sich freizumachen. Sie zerschnitt dann die Mäntel, Jacken und Mützen von uns in der Flurgarderobe. Trotz strenger Strafe setzte sie das Zerschneiden der Garderobe am Tage fort. Der zu Hilfe gerufene Hausarzt, der schon vorher um Rat gefragt wurde, veranlaßte die Überweisung in eine Nervenklinik.«
Therapeut: »Sag mal, was

baust Du denn dort auf?«
Antwort des Mädchens: »Die muß nackt auf dem Klo sitzen und es ist ganz kalt.«

Das Mädchen nimmt erst das Krokodil, dann den Wolf und setzt beide in die Nähe des Klos.

Die eingehende Untersuchung ergibt keine krankhaften körperlichen Befunde, keine Anhaltspunkte für eine Geisteskrankheit. Die Intelligenz ist überdurchschnittlich.
Das Testspiel soll Hinweise geben, welches Erleben dem zerstörerischen Verhalten zugrunde liegen könnte.

Die Spielfiguren Großmutter und Baby werden eingeblendet.

Ihre Beschäftigung mit der Großmutter und dem Baby lassen vermuten, daß im Zusammenhang mit ihnen Probleme bestehen oder Konflikte vorliegen.

Die Szene Liegestuhl mit Baby, Arzt und Dienstmädchen wird eingeblendet.

Der Arzt – der tatsächlich zu Hilfe gerufen wurde und keinen Rat wußte – und das Dienstmädchen – das sie zuerst mit einer Ohrfeige bestrafte, machen sich über das Baby Gedanken, nicht über sie selbst. Ein weiterer Hinweis, daß die kleine, jetzt zwei Jahre alte Schwester – nennen wir sie Inge – die eigentliche Ursache des Nachdenkens und der Schwierigkeiten ist.

Entsprechende Szene aus dem Test

Dem großen Mädchen hingegen geht es schlecht, sie muß nackt in der Kälte auf dem Klo sitzen, frierend und ausgesetzt. Sie muß etwas produzieren und hergeben, während das Baby die Flasche erhält. Wilde Tiere lauern in der Nähe.

(1. Sprecher): Auf Grund des Testes wurden die Eltern erneut befragt, und es stellten sich folgende Zusammenhänge heraus:

Verschiedene Szenen aus dem Test

Bis zur Geburt der kleinen Schwester stand Helga ganz im Mittelpunkt der Familie und wurde, besonders von der Großmutter, wie eine Prinzessin behandelt. Nach der Geburt der kleinen Schwester Inge rückte diese ganz in den Mittelpunkt und verdrängte Helga aus ihrer bevorzugten Stellung. Von den Eltern wurde Helga immer wieder mit vielen Ermahnungen eingeschärft, daß sie das kleine Schwesterchen recht liebhaben müsse. Helga tat dies pflichtschuldigst, begann aber in dieser Zeit, kleine Geldbeträge zu entwenden, stellte ihr Puppenspiel weitgehend ein und zeigte einen größeren Bewegungsdrang.

Als Inge eineinhalb Jahre alt war, fuhren die Eltern allein auf Urlaub. Die Großmutter versorgte den Haushalt, kümmerte sich aber vor allem um die kleine Inge, vernachlässigte Helga und nahm ihr noch die Sonderrechte, die kleine Schwester

Verschiedene Szenen aus dem Test (Fortsetzung)

ausfahren zu dürfen. Sie verbot ihr sogar, Inge anzufassen, damit sie keine Bazillen auf sie übertrage. Helga reagierte mit der Weigerung, Fleisch zu essen.

Am zweiten Geburtstag der kleinen Schwester stahl Helga ihr eine Tafel Schokolade und wurde dafür von der Mutter hart bestraft. Um diese Zeit begann das böse Verhalten, das in diesem Zusammenhang als eine schwere Protestreaktion gegen das Vernachlässigtwerden und die Bevorzugung der kleinen Schwester aufgefaßt werden kann.

Sie konnte ihre Wünsche und eigenen Interessen anderen Kindern gegenüber nur ganz ungenügend durchsetzen und war ein übermäßig braves, gehemmtes Kind, das die eigenen Protest- und Neidregungen in keiner Weise innerlich verarbeiten und ausreichend bewältigen konnte. Eine besondere Erschwerung der inneren Situation trat durch den Wechsel der früheren prinzessinnenhaften Verwöhnung und dem plötzlich einsetzenden Beiseitegeschobenwerden ein. Frühe Verwöhnungen begünstigen – wie wir das oft beobachten – spätere heftige Durchbrüche. Das Kind ist zwar übermäßig still, eingeschüchtert und gehemmt, hat aber durch die vorangehende Verwöhnung soviel bereitliegende Energie, daß es einen verzweifelten demonstrativen Ausbruch riskiert.

Statement

Vergegenwärtigen wir uns noch einmal am Beispiel dieses Mädchens, daß sie sich zwar absichtlich destruktiv verhielt, ihr jedoch die wirklichen Motive und Beweggründe keinesfalls voll bewußt waren. Sie fühlte sich vereinsamt, im Stich gelassen, ungeliebt, hilf- und auswegslos. Aus dunklem Drang zerstörte sie Gegenstände und antwortete auf die Frage des Vaters, warum sie es tue: »Aus Spaß!« Was würde erst geschehen, wenn sie ernst machte? Sie hat sich offenbar schon lange darum bemüht, Schlimmeres zu verhindern, indem sie ihr Puppenspiel einstellte, kein Fleisch mehr aß und trotz aller Bewegungsunruhe niemandem etwas zuleide tat. Die Therapie würde nun erfolgreich verlaufen (in diesem Fall ist es geschehen), wenn das Mädchen zunächst im Spiel und im Kontakt mit Therapeuten, dann in der Familie erleben könnte, daß es durchaus Protest äußern darf, daß es trotz der Anwesenheit der kleinen Schwester ernstgenommen, gebraucht und geliebt wird, daß es nicht zu kurz kommt und eigene Möglichkeiten für seine Wünsche und Interessen entwickeln kann. Aus dem schüchternen, gehemmten, hilflos den zerstörerischen Regungen ausgelieferten Mädchen kann sich mit Hilfe der nun besser gesteuerten inneren Energien ein selbstbewußter, lebenstüchtiger und gemeinschaftsfähiger junger Mensch entwickeln. Für eine solche positive Verwandlung des Bösen sind also folgende Entwicklungsschritte erforderlich: Die ins Unbewußte, in den seelischen »Schatten«-Bereich abgeschobenen und damit der bewußten Steuerung entzogenen Konflikte und aggressiven Regungen müssen wieder erlebnisfähig werden, damit der unterirdisch wirksam werdenden Explosivität die Energie entzogen wird. Der zweite Schritt besteht darin, die bewußt werdenden Kräfte angstfreier zu erleben. Die nächsten Schritte zielen darauf ab, neue konstruktive Möglichkeiten zu suchen und zu üben.

Die therapeutische Erfahrung, daß es gelingt, aus dem »Bösen« positive und konstruktive Kräfte freizumachen, ist eins der fundamentalen Ergebnisse der Tiefenpsychologie und einer damit ermöglichten »neuen Ethik« (E. Neumann).
In der Praxis der Therapie tritt jedoch der Konflikt mit dem Bösen nicht oft so klar in Erscheinung, wie bei der neunjährigen Helga. Setzen wir einmal den Fall, Helga wäre nicht zuerst eine zeitlang die Prinzessin in der Familie gewesen und hätte nicht – ermutigt durch die frühe Verwöhnung – die Energie gehabt, verzweifelt zu protestieren, wie wäre dann die Auseinandersetzung mit dem Bösen verlaufen? Da wir solche Patienten, die in ihrer Verzweiflung nicht laut und aggressiv zerstörerisch reagieren, viel häufiger behandeln, wissen wir über deren innere Verarbeitungen recht gut Bescheid.
Mehr oder weniger stark ausgeprägt erstarrt die innere Auseinandersetzung dann in begleitenden Angst- und Schuldgefühlen. Die Betroffenen leiden dann zum Beispiel unter unerklärbaren Angst- und Zwangsvorstellungen. Oft gelingt eine Überwindung der Angst dadurch, daß die eigenen gefürchteten bösen Regungen anderen Menschen zugeschoben werden. Der Fachmann nennt dies eine »Projektion«. Ein Mensch, der seine eigenen bösen Regungen projiziert, braucht einen »Sündenbock«, den er meist leicht findet und den er nun so hassen, angreifen und bekämpfen kann, wie er es eigentlich zutiefst gern aber meist uneingestanden mit einem anderen oder auch mit sich selbst tun würde.
Diese zuletzt angedeutete innere Verarbeitung, sich selbst zu bekämpfen, sich selbst zu hassen und zu bestrafen, endet nicht selten mit Selbstvernichtung. In vielen Unfällen ist dem Betroffenen nicht ausreichend bewußt, welche Rolle sein Selbsthaß bei der Verursachung gespielt hat. Oft steht aber auch die Selbsttötung am Ende einer solchen mißlungenen Auseinandersetzung mit dem unterdrückten Bösen.
Eine weitere innere Verarbeitungsweise der Unterdrückung böser Regungen möchte ich erwähnen, bei der das Böse für den Untersucher scheinbar völlig verschwunden ist. Bei solchen Menschen finden wir stets das beste »gute Gewissen«, eine überbetonte Selbstgerechtheit in Form der schwer erschütterbaren Überzeugung von der eigenen Vorzüglichkeit. Wenn wir dann in ihrem Verhalten anderen gegenüber Züge

von Unmenschlichkeit beobachten, beginnen wir zu ahnen – und darauf aufmerksam geworden, finden wir auch Belege dafür – daß bei diesen Menschen jede Integration des Bösen durch totale Unterdrückung unmöglich war.

Wir sind nun von dem Beispiel des neunjährigen Mädchens Helga zu einer Reihe unheilvoller Folgeerscheinungen der inneren Auseinandersetzung mit dem Bösen gelangt. Die Tiefenpsychologie hat uns sowohl Ausbruch wie Folgen der Unterdrückung böser Regungen verstehen gelehrt und legt uns folgende Schlußfolgerungen nahe:

Das sogenannte Böse ist meist ein unserer bewußten Kontrolle entglittener und durch Angst entstellter Teil unserer produktiven und konstruktiven Kräfte. Bewußtwerden der Motive und Konflikte, Annahme des Bösen und Angstbefreiung, neue umfassende Steuerung und reflektierte Verantwortlichkeit kennzeichnen den therapeutischen Weg. Die Erfahrungen der Tiefenpsychologie stellen einen Appell an den modernen Menschen dar, sein Bewußtsein zu erweitern und umfassendere Einsichten auch in unbewußte Motive zu gewinnen. Alle geschilderten Fehlverarbeitungsweisen des Bösen: Unkontrolliertes und verschobenes Handeln, wie bei dem Mädchen Helga, Unterdrückung mit Angst- und Zwangssymptomen, Sündenbock-Projektion mit entsprechendem Fanatismus, Selbsthaß, Selbstvernichtung und nicht bewußte Feindseligkeit bringen nicht nur für den einzelnen, sondern auch für Kollektive sehr unheilvolle Folgen. Sie können nur vermieden werden, wenn immer mehr Menschen diese Gefahren sehen und wissen, daß das Böse in der Regel an irrationale Ängste geknüpft ist. Dies allein genügt aber noch nicht. Es muß die ausdrückliche Bereitschaft hinzukommen, die Verantwortung auch für die Auswirkungen des eigenen Unbewußten und seine Steuerung zu übernehmen. Die Tiefenpsychologen sind der Überzeugung – und ich glaube, es stimmen ihnen heute nicht wenige Menschen zu –, daß viel, wenn nicht alles für den modernen Menschen davon abhängt, ob es ihm gelingt, das sogenannte Böse in sein Erleben hineinzunehmen und mit wachem Auge und Vernunft zu steuern.

Können die Erkenntnisse der Psychoanalyse auf dem Feld politischer Auseinandersetzung angewendet werden? Diese Frage kann weder mit einem einfachen Nein noch mit einem einfachen Ja beantwortet werden, denn einerseits spiegeln die strukturellen Verhältnisse und dynamischen Prozesse in der Psyche von Individuen qua introjizierte Objektbeziehungen (am deutlichsten sichtbar bei der Bildung des Über-Ichs) die jeweilige sozial-ökonomische und politische Situation der Gesellschaft wider – die Frage nach der sog. »Übertragbarkeit« psychoanalytischer Feststellungen auf soziale und politische Verhältnisse ist deshalb sinnlos, da die Übertragung immer schon stattgefunden hat, nämlich in umgekehrter Richtung –, andererseits können gesellschaftliche und politische Faktoren und Prozesse keineswegs mit psychoanalytischen Kategorien hinreichend erklärt werden. Weder eine Proklamation der Irrelevanz der Psychoanalyse für die Politik noch eine unreflektierte Heilserwartung an die Psychoanalyse mit dem Ziel der Lösung politischer Probleme ist also am Platze. Dies gilt auch hinsichtlich der Bewältigung des Bösen.

Am fruchtbarsten scheint die Anwendung einer von Habermas getroffenen Unterscheidung von Bildung kritischer Theoreme, Organisation von Aufklärungsprozessen und der Wahl bzw. der Anwendung politischer Strategien zu sein (Einleitung zur Neuausgabe von »Theorie und Praxis«, 1971). Nur innerhalb der ersten und zweiten der unterschiedenen Vermittlungsfunktionen von Theorie und Praxis können Erfahrungen der Psychoanalyse bzw. der Psychotherapie einen Beitrag in Richtung der Entfaltung freier Kommunikationsmuster und »herrschaftsfreien Dialoges« (Habermas) leisten. Die Diskussion über den Umfang und die Art dieses Beitrages begann in den zwanziger Jahren und ist heute wiederaufgeflammt. Es wird noch etlicher Bemühung bedürfen zu klären, auf welche Weise das kritische Potential der Psychoanalyse gesellschaftlich und politisch ins Spiel gebracht werden kann. Gerade das Problem des Bösen fordert eine solche Anstrengung auf das dringlichste heraus.

Schlußwort des Herausgebers

Versucht man, einen Rückblick auf die so verschiedenartigen Beiträge dieses Bandes zu werfen, so entsteht das Bedürfnis, ein gewisses Bezugssystem zu finden, mit Hilfe dessen die heterogenen Aspekte des Vorgelegten in Verbindung gebracht werden können. Ich möchte dies in Anknüpfung an die Grundkonzeption des Schweizer Kulturanthropologen Jean Gebser (»Ursprung und Gegenwart«, Neuausgabe 1966) versuchen.

Gebser definiert eine Reihe von Strukturen im Menschen, die sich deutlich voneinander abheben. Diese Strukturen oder Schichten sind nicht als einfache Aufeinanderfolge oder als Stufen historischen Fortschritts aufzufassen. Vielmehr handelt es sich um die Manifestation anlagemäßig vorgegebener und immer – individuell wie gesellschaftlich – vorhandener Bewußtseinsformen. Gebser unterscheidet: die archaische, die magische, die mythische, die mentale und die integrale Ebene des Bewußtseins. Jede der Strukturen kann »defizient«, d. h. minderwertig werden.

Wie stellt sich das Böse auf den verschiedenen Bewußtseinsebenen dar?

Bei der archaischen Struktur, in der Ganzheit, Unbewußtheit und All-Einheit herrschen, und die, so könnte man sagen, der Dual-Union zwischen Mutter und Kind während der ersten Lebensmonate des Säuglings entspricht, gibt es noch kein Problem des Bösen. Nur wenn dieser Modus defizient wird, tritt das Problem des Bösen auf: Man denke an Erwachsene, die in infantiler Weise an symbiotischen Phantasien festhalten und bei denen alles als böse erlebt wird, was ihren Wunsch nach ungeteilter Einheit und Harmonie stört oder beeinträchtigt. Das gleiche gilt für entsprechende kollektive Ideologiebildungen.

Auf der Ebene der magischen Bewußtseinsstruktur, die durch das Prinzip der »Sympathie und Analogie aller Dinge« gekennzeichnet ist, tritt das Böse auf als dasjenige, was den allseitigen Zusammenhang des Menschen mit der Natur stört. Rituale können diesen Zusammenhang wiederherstellen. Da der Mensch sich als Mikrokosmos erlebt, kann der Makrokosmos durch Analogiezauber beeinflußt werden. Dies kann sowohl im Guten wie im Bösen geschehen. In der heu-

tigen Zivilisation haben wir es hier u. a. mit jenem Bereich zu tun, in dem sich paranormale Ereignisse abspielen, welche die Parapsychologie zu erforschen sucht. Es ist bekannt, daß parapsychologische Phänomene gerade im Zusammenhang mit dem Bösen oder dessen Bekämpfung (wie beim Exorzismus) auftreten. Allerdings bleibt hier vieles noch im Dunkel.

Die Schicht der mythischen Bewußtseinsstruktur, in der sich Spannungen zwischen gegensätzlichen Prinzipien (oben – unten, hell – dunkel, Himmel – Erde usw.) bilden, ist das Feld der Polarität von Gut und Böse schlechthin. Mythen und Märchen vermögen deshalb wesentliche Erkenntnisse über das Böse zu vermitteln, weil es in jedem Menschen eine mythische Struktur gibt. Wir durchlaufen sie als Kind, sie bleibt aber, wie vor allem unsere Träume zeigen, in jedem Menschen präsent und wirksam. In der heutigen Welt stößt man aber meist auf den defizienten Modus der mythischen Bewußtseinsstruktur. Dies wird deutlich, wenn man die immer wieder destruktive Rolle mythischer Weltsicht in der Politik betrachtet.

Auf der mentalen Bewußtseinsebene, auf welcher der Mensch zum messenden, reflektierenden, abstrakten Denken gelangt und auf der das Kausalitätsprinzip dominiert, wird das Böse dogmatisiert oder verwissenschaftlicht. Liegt der defiziente Modus des Mentalen vor, so wird das Böse entweder intellektuell verharmlost bzw. – in analytischer Terminologie – mehr oder weniger verleugnet, oder es wird in starre Ideologien eingebaut und zu deren Rechtfertigung verwendet.

Nur ein integraler Standpunkt des Bewußtseins, der alle genannten Schichten transparent macht und berücksichtigt und der durch die Merkmale der Freiheit und »Weisheit« charakterisiert werden kann, erlaubt es, dem so komplexen Phänomen des Bösen einigermaßen gerecht zu werden. Eine Verarbeitung des Bösen kann, soweit sie möglich ist, nur in ganzheitlicher Weise erfolgen.

Der Leser wird unschwer die Phänomene und Theorien der verschiedenen Beiträge des Buches mit dem Gesagten in Beziehung setzen können. Alle Versuche, das Böse zu erklären, sind jedoch dazu verurteilt, Stückwerk zu sein: Es bleibt das »Mysterium iniquitatis – Geheimnis der Bosheit«.

Die Autoren

Prof. Dr. Dr. Carsten Colpe, geb. 1929, Ordinarius für Iranistik und Religionsgeschichte an der Freien Universität Berlin. Veröffentlichungen zum Manichäismus und zu anderen religionswissenschaftlichen Themen.

Dr. Marie-Louise von Franz, geb. 1915, Dozentin und Lehranalytikerin am C. G. Jung-Institut Zürich. Veröffentlichungen über C. G. Jung und zur Symbolik unter dem Gesichtspunkt der Analytischen Psychologie.

P. Dr. Willehad Paul Eckert, geb. 1926, Dominikaner, lehrt an der philosophisch-theologischen Hochschule der Dominikaner in Walberberg Geschichte der Philosophie. Veröffentlichungen zum Thema des Judentums und zur Geistesgeschichte des Humanismus. Herausgeber der Zeitschrift »Emuna«.

Dr. Helmut E. Lück, geb. 1941, wiss. Assistent am Institut für Sozialpsychologie der Universität Köln. Veröffentlichungen über Führungsprobleme, Methodenfragen und Kleingruppenforschung.

Prof. Dr. Stanley Milgram, geb. 1933, Professor für Psychologie an der City University of New York. Veröffentlichungen über Ergebnisse interkultureller und sozialpsychologischer Experimente.
Originaltext in: Human Relations, Vol. 18 (1965), Nr. 1. Übersetzung (Enno Schwanenberg) in: Die politische und gesellschaftliche Rolle der Angst (Politische Psychologie, Bd. 6), Europäische Verlagsanstalt Frankfurt a. M., 1967. (Die vorliegende Fassung wurde mit Zustimmung des Autors gekürzt.)

Dipl.-Psych. Volker Schmid, geb. 1941, Dozent für Psychologie und Pädagogik verhaltensgestörter Kinder an der Pädagogischen Hochschule Reutlingen, Lehrbeauftragter für Sozialpädagogik an der Universität Tübingen.

Prof. Dr. Rudolf Schenkel, geb. 1914, Professor für Zoologie und Verhaltensforschung an der Universität Basel. Veröffentlichungen zur Ökologie, Verhaltensforschung und zum Thema der Verständigungsmöglichkeiten zwischen Mensch und Tier.

Prof. Dr. Carl Friedrich Frhr. von Weizsäcker, geb. 1912, Physiker und Philosoph, Direktor des »Max-Planck-Institutes zur Erforschung der Lebensbedingungen der wissenschaftlich-technischen Welt« in Starnberg. Veröffentlichungen zur theoretischen Physik, Philosophie, Evolutionslehre, Kybernetik sowie zu Fragen des Friedens und der Zukunft im atomaren Zeitalter.
Der Beitrag wurde entnommen aus »Die Einheit der Natur«, Carl Hanser Verlag München, 1971.

Prof. Dr. med. Wolfgang Loch, geb. 1915, Ordinarius für Psychoanalyse und Leiter der Abteilung für Psychoanalyse an der Universitätsnervenklinik Tübingen. Veröffentlichungen zur Theorie der Psychoanalyse und zu den Grundlagen des psychoanalytisch-therapeutischen Prozesses.

Dr. Gottfried Edel, geb. 1929, Kulturredakteur beim ZDF. Veröffentlichungen über Luther, philosophische, geistesgeschichtliche und pädagogische Themen. Herausgeber der Zeitschrift »Areopag«.

Friedrich Jussel, katholischer Pfarrer, lebt im Karmeliterinnenkloster Rankweil/Vorarlberg.
Der Beitrag wurde zum ersten Mal gedruckt bei Otto Thurner, Rankweil, o. J. Herausgegeben und für den Inhalt verantwortlich: Friedrich Jussel, Pfarrer i. R.

Dr. med. Wulf Wunnenberg, geb. 1918, Facharzt für Psychiatrie, Oberarzt am Allgemeinen Krankenhaus Ochsenzoll, Hamburg. Veröffentlichungen zur Psychiatrie und psychiatrische Beiträge zur Parapsychologie, Kunst und Sexualität.

Prof. Dr. Werner Schwidder, geb. 1917, gest 1970, war Direktor des Niedersächs. Landeskrankenhauses in Tiefenbrunn bei Göttingen. Veröffentlichungen über psychische Erkrankungen bei Kindern und Jugendlichen und psychosomatische Krankheiten.

Für den Abdruck des Beitrags von Sigm. Freud aus »Abriß der Psychoanalyse«, in: Ges. Werke, S. Fischer Verlag Frankfurt a. M., Bd. XVII und »Das Unbehagen in der Kultur«, in: ebd., Bd. XIV danken wir dem S. Fischer Verlag.

Für Leser dieses Buches

Reihe Hanser Bd. 61
144 Seiten.

Nach dem »Positivismusstreit« hat in der Soziologie kein Problem derartig die hermetischen Grenzen der Wissenschaft gesprengt wie die Auseinandersetzung um Arnold Gehlens »Moral und Hypermoral. Eine pluralistische Ethik«. In drei großen Aufsätzen untersuchen die Autoren dieses wieder erwachte Interesse an der Anthropologie. »Der Entwurf einer jeden Anthropologie hat politische Konsequenzen. Was einer vom Menschen glaubt, wird nicht ohne Einfluß bleiben auf seine Auffassung von den Bedingungen und Zielen menschlichen Zusammenlebens.« (Lepenies/Nolte)

Reihe Hanser Bd. 80
160 Seiten.

Dieser Band beschreibt die »Renaissance« der Anthropologie an Beispielen aus den sozialistischen Ländern, der BRD, Frankreich und den USA. Rückblickend wird dann auf historische »Vorläufer« einer solchen »soziologischen Anthropologie« hingewiesen, im Mittelpunkt Kant und Diderot. Nachdrücklich wird auf den engen Zusammenhang von Politik und Anthropologie aufmerksam gemacht und dieser historisch zurückverfolgt. Den Schluß bildet das Kapitel »Im Namen der Natur«, Möglichkeiten und Grenzen einer anthropologischen Kritik an der Neuen Linken.

Reihe Hanser

1 Elias Canetti: *Die Stimmen von Marrakesch.* Aufzeichnungen nach einer Reise.
2 Régis Debray: *Die Grenze/Ein gewiefter Bursche.* Erzählungen.
3 *Marx-Chronik.* Zusammengestellt von Maximilien Rubel.
4 Dimitrij Lichatschow: *Nach dem Formalismus.*
5 Erich Fried: *Zeitfragen.* Gedichte.
6 Max Stirner: *Der Einzige und sein Eigentum und andere Schriften.* Hrsg. von Hans G Helms.
7 Reinhard Lettau: *Feinde.*
8 Tadeusz Różewicz: *Entblößung:* Erzählung.
9 *Richtlinien und Anschläge.* Materialien zur Kritik der repressiven Gesellschaft. Hrsg. von Albrecht Goeschel.
10 Stanislaw Jerzy Lec: *Letzte unfrisierte Gedanken.*
11 Günter Kunert: *Die Beerdigung findet in aller Stille statt.* Erzählungen.
12 *Kritik – von wem / für wen / wie?* Hrsg. von Peter Hamm.
13 Jerzy Szaniawski: *Professor Tutkas Geschichten.*
14 Reinhard Kühnl: *Deutschland zwischen Demokratie und Faschismus.*
15 Wolf Wondratschek: *Früher begann der Tag mit einer Schußwunde.*
16 *Das Denken von Sade.* Aufsätze von R. Barthes, H. Damisch, P. Klossowski, Ph. Sollers und M. Tort.
17 Miroslav Holub: *Obwohl . . .* Gedichte.
18 Joachim Schickel: *China: Die Revolution der Literatur.*
19 Lars Gustafsson: *Der eigentliche Bericht über Herrn Arenander.* Roman.
20 Paul Jacobs / Saul Landau: *Die Neue Linke in den USA.*
21 Gabriel Laub: *Verärgerte Logik.* Aphorismen.
22 Barbara König: *Spielerei bei Tage.* Erzählungen.
23 Elias Canetti: *Der andere Prozeß.* Kafkas Briefe an Felice.
24 Allen Ginsberg: *Planet News.* Gedichte.
25 Petr Kropotkin: *Die Eroberung des Brotes und andere Schriften.* Hrsg. von Hans G Helms.
26 Salvador Elizondo: *Farabeuf oder die Chronik eines Augenblicks.* Roman.
27 Hans Heinz Holz: *Widerspruch in China.* Politisch-philosophische Erläuterungen zu Mao Tse-tung.
28 *Musik auf der Flucht vor sich selbst.* Hrsg. von Ulrich Dibelius.
29 *Ansichten einer künftigen Germanistik.* Hrsg. von Jürgen Kolbe.
30 Uwe Brandner: *Drei Uhr Angst.* Roman.
31 Michail Bachtin: *Literatur und Karneval.* Zur Romantheorie und Lachkultur.
33 Günter Kunert: *Warnung vor Spiegeln.* Gedichte.
34 Guntram Vesper: *Kiregerdenkmal ganz hinten.* Prosa.
35 Günter Bruno Fuchs: *Handbuch für Einwohner.*
36 Johann Benjamin Erhard: *Über das Recht des Volks zu einer Revolution und andere Schriften.* Hrsg. von Hellmut G. Haasis.
37 Karel Michal: *Gespenster für den Alltag.* Geschichten.
38 Horst Bienek: *Bakunin, eine Invention.*
39 Uwe Herms: *Ein Liebesfall.* Roman.
40 Karl Heinz Bohrer: *Die gefährdete Phantasie, oder Surrealismus und Terror.*
41 Svetozar Stojanović: *Kritik und Zukunft des Sozialismus.*
42 *Guerilleros, Partisanen.* Theorie und Praxis. Hrsg. von Joachim Schickel.
43 Alfred Jarry: *König Ubu, Ubu Hahnrei, Ubu in Ketten.*
44 Wolf Wondratschek: *Ein Bauer zeugt mit einer Bäuerin einen Bauernjungen, der unbedingt Knecht werden will.*

45 *Let it bleed.* Die Rolling Stones in Altamont. Berichte und Photos. Hrsg. von Siegfried Schober.
46 Richard Brautigan: *In Wassermelonen Zucker.* Roman.
47 *Sprache und Stil Lenins.* Aufsätze von V. Schklowski, B. Eichenbaum, L. Jakubinski, J. Tynjanow, B. Kasanski, B. Tomaschewski.
48 Kvetoslav Chvatik: *Strukturalismus und Avantgarde.* Aufsätze zur Kunst und Literatur.
49 August Strindberg: *Ein Lesebuch für die niederen Stände.* Hrsg. von Jan Myrdal.
50 Elias Canetti: *Alle vergeudete Verehrung.* Aufzeichnungen 1949–1960.
51 George Günther Eckstein: *USA: Die neue Linke am Ende?*
52 Anfrid Astel: *Kläranlage.* 100 neue Epigramme.
53 Lars Gustafsson: *Utopien.* Essays.
54 *Weltbilder.* 49 Beschreibungen. Hrsg. von G. F. Jonke und Leo Navratil.
55 Lenin: *Über historischen Materialismus.* Hrsg. von Alfred Schmidt.
56 Michael Pehlke/Norbert Lingfeld: *Roboter und Gartenlaube.* Ideologie und Unterhaltung in der Science-Fiction-Literatur.
57 Klaus Wallraven/Eckart Dietrich: *Politische Pädagogik.* Aus dem Vokabular der Anpassung.
58 Eldridge Cleaver/Lee Lockwood: *Gespräche in Algier.*
59 Hermann Schürrer: *Europa: Die Toten haben nichts zu lachen.*
60 Paul Lüth: *Ansichten einer künftigen Medizin.*
61 Wolf Lepenies/Helmut Nolte: *Kritik der Anthropologie.*
62 Witold Wirpsza: *Der Mörder.* Erzählungen.
63 *Verwaltete Musik.* Hrsg. von Ulrich Dibelius.
64 *Die Unterhaltung der deutschen Fernsehfamilie.* Hrsg. von Friedrich Knilli.
65 Alain Labrousse: *Die Tupamaros.* Stadtguerrilla in Uruguay.
66 *Die Tabus der bundesdeutschen Presse.* Hrsg. von Eckart Spoo.
67 Michael Hatry: *Aus lauter Liebe.* Geschichten.
68 *a + b leuchten im Klee.* Psychopathologische Texte. Hrsg. von Leo Navratil.
70 *Das Rechtskartell.* Reaktion in der Bundesrepublik. Hrsg. von Harald Jung und Eckart Spoo.
71 Dylan Thomas: *Abenteuer in Sachen Haut.* Erzählungen.
72 Wolf Wondratschek: *Paul oder die Zerstörung eines Hörbeispiels.* Hörspiele.
73 Richard Brautigan: *Forellenfischen in Amerika.* Roman.
74 Klaus Völker: *Brecht-Chronik.* Daten zu Leben und Werk.
75 Helmut Ostermeyer: *Strafunrecht.*
76 Christopher Caudwell: *Bürgerliche Illusion und Wirklichkeit.* Studien zu einer materialistischen Ästhetik. Hrsg. von Peter Hamm.
77 Uwe Brandner: *Mutanten Milieu.* Bericht aus dem Land Asphalt und Alphabet.
78 Ulrike Prokop: *Soziologie der Olympischen Spiele.* Sport und Kapitalismus.
79 Afheldt/Potyka/Sonntag/Weizsäcker: *Durch Kriegsverhütung zum Krieg?*
80 Wolf Lepenies: *Soziologische Anthropologie.* Materialien.
81 Peter Klein: *Francos zweite Inquisition.* Spanien zwischen Folter und EWG.
82 Pierre Hoffmann/Nikitas Patellis: *Demokratie als Nebenprodukt.* Versuch einer öffentlichen Planung.

83 Jean-Luc Godard: *Godard/Kritiker.* Gesammelte Kritiken und Aufsätze über Film (1950–1970).
84 Alfred Schmidt: *Geschichte und Struktur.* Fragen einer marxistischen Historik.
85 Gary Snyder: *Maya.* Gedichte.
86 Jorge Luis Borges: *David Brodies Bericht.* Erzählungen.
87 Boris Arvatov: *Kunst und Produktion.* Entwurf einer proletarisch-avantgardistischen Ästhetik (1921–1930). Hrsg. von Hans Günther und Karla Hielscher.
88 Miladin Zivotić: *Proletarischer Humanismus.* Studien über Mensch, Wert und Freiheit.
89 *Das Böse.* Dokumente und Interpretationen. Hrsg. von Gerhard Zacharias.
90 Marquis de Sade: *Der Greis in Charenton.* Letzte Aufzeichnungen und Kalkulationen.
91 Vladimir Kazakov: *Meine Begegnungen mit Vladimir Kazakov.* Prosa.
92 Alfred Jarry: *Der Alte vom Berge.* Gedichte, Dramen, Prosa. Hrsg. von Klaus Völker.
93 Joachim Steffen u. a.: *Fetisch Eigentum.* Wie privat sind Grund und Boden?
94 H. H. Henschen / R. Wetter: *Anti-Olympia.* Ein Beitrag zur mutwilligen Diffamierung und Destruktion der Olympischen Spiele und anderer Narreteien.
95 Horst Bienek: *Solschenizyn und andere.* Essays.
96 *Plädoyers für eine Europäische Sicherheitskonferenz.* Hrsg. von Walter Fabian.